10分で心と体が変わる

ズルいランニング

著
SUI

さ出版

今の自分じゃ走るなんて絶対ムリ！
と思っている人にこそオススメ！

脚の筋肉が少ない

▼

インナーマッスルを
使えばラクに走れる！

体力に自信がない

▼

いつのまにか
体力がついている！

こんなあなたでも今すぐ「走れる体」になります！

走ると脚が痛くなる

▼

正しいフォームで走れば
痛くならない！

長時間動くなんてムリ

▼

短時間でも十分！

ズルいランニングで心と体はこう変わる！

1

食事を変えなくても自然とやせていく

続けていくうちに、自然と走れる距離や時間が増え、**たくさん食べても太りにくくなります**。また、ランニングのメリットはカロリー消費だけではありません。メンタルが安定し、食欲も整って、自然と健康的にやせていきます！

2

継続を楽しめるようになる

「走らされた」記憶に惑わされないで！　自分にとってムリのないペースで走ることで、心も体もリフレッシュして、**継続が楽しくなり、小さな目標を達成する喜びを感じられるようになります**。

3

疲れにくくなる

続けていると、心肺機能が自然と向上し、筋力も高まっていきます。すると、日常生活での**動作１つひとつがラクになり、疲れにくくなります**。また、走ることによって精神的にもリフレッシュできます。

4

姿勢が良くなる

正しいフォームで走ることによって**インナーマッスル**が鍛えられ、姿勢も良くなります。全身の筋肉のバランスが整うので、ムダな力を使わずに、ラクに動けるようになります！

5

目標の立て方が上手になる

距離や時間など、**自分に合った目標設定がしやすい**のが魅力。「10km走れた！」といった成功体験は、プライベートはもちろん、仕事でも活きます！　目標を達成するための計画が立てられるようになり、チャレンジ精神も身につきます！

ランニングはシューズ選びが大切です！

シューズ選びのポイント

①**反発力**：ミッドソール（靴底）の跳ね返る力

②**クッション性**：ミッドソールのやわらかさ

③**安定感**：接地時のぐらつきの少なさ

④**フィット感**：アッパー（靴の上部）のフィット感

⑤**軽量性**：靴の軽さ

⑥**デザイン性**：靴のデザインの好み

私のおすすめシューズはコレ！

1

NOVABLAST
（ASICS）

地面との接地面が広く、安定感がありながらも、しっかり弾んで推進力を生んでくれる厚底モデル。耐久性にも優れている。ランニング初心者のほか、練習を重ねてスピードステップアップをしたいランナーにもオススメ。

2

SUPERNOVA RISE
（ADIDAS）

2023 年 12 月に大幅刷新されたデイリーランニングシューズ。左右の横振れをサポートしてくれる安心感があり、毎日走りたくなる心地よさと、クッション性が GOOD。ランニング初心者が走りやすい機能が備わっていて、マラソン完走が目的のランナーにもぴったり。

3

Ghost16
（BROOKS）

軽量性、クッション性、反発力の 3 つのバランスが良いのが特徴。ほどよい厚みもあり、自分の足を鍛えやすい。耐久性にも優れているので、1足で幅広いランニングの練習ができる。

4

UA Infinite Elite
（UNDER ARMOUR）

とにかく履きやすく、接地時の安定性のある長時間走っても疲れにくいシューズ。厚底だが、硬さもあるのでぐらつきが少ない。ニット素材のアッパーが足に適応して伸縮するので、快適なフィット感で日常使いもできる。

「お助けアイテム」で、よりラクに、より楽しく走れます！

私のランニングアイテムはコレ！

着るタイプのリュックは色々入ってとっても便利！

体のメンテナンス習慣をつけると、綺麗なフォームで走れるようになるよ！

ズルいランニングの基本フォーム

1 「腸腰筋《ちょうようきん》」を使って走る

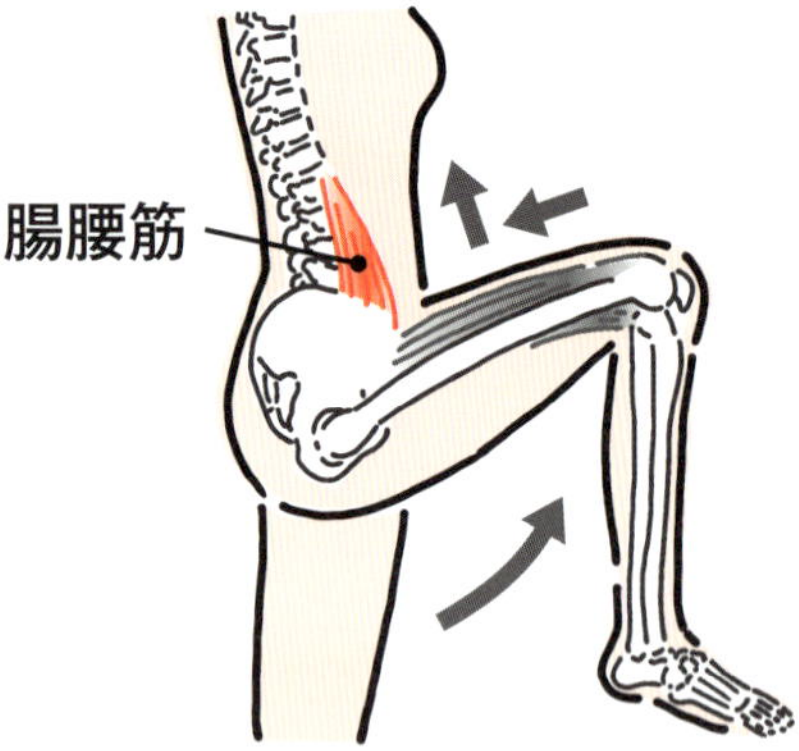

ラクに走るポイントは腸腰筋をしっかりと使うこと。ふだんの生活では意識しにくい筋肉ですが、ストレッチや筋トレをおこなうとキレイなフォームで走れるようになるよ！

71ページへ

2

地面を踏んで返ってきた反発で走る

走るときは、がんばって脚を上げようとしない！　①脚が下がって地面を踏む→②反発で脚が上がる、という順番を意識して走ると、走りやすくなります。初心者さんは足裏全体で着地するフラット接地がおすすめ！

72ページへ

3

手は軽く卵をにぎる感じで走る

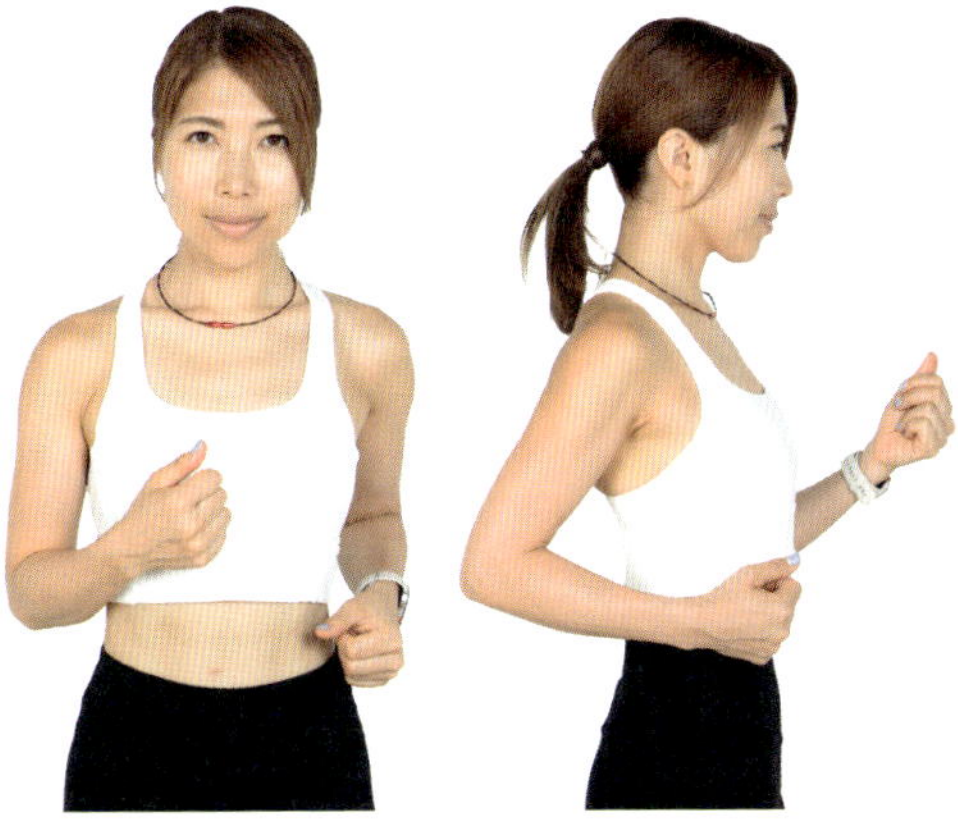

走るときは、とにかく肩の力みをとることが大切。手のひらで卵を持つ感覚でうでを振り、背骨を中心軸にして自然にうでが動くように走りましょう。肩を落として、背中の筋肉を使うとさらにラクに走れるよ。

76ページへ

ラクに走れる体をつくるストレッチ

このほかにもいろんなストレッチがあるよ！

1 股関節をやわらかくするストレッチ

49ページへ

2 股関節をやわらかくするストレッチ

51ページへ

3 腸腰筋をやわらかくするストレッチ

52ページへ

4 股関節と肩まわりの可動域を広げるストレッチ

65ページへ

5 さまざまな筋肉を刺激するストレッチ

66ページへ

6 股関節を大きく動かすストレッチ

70ページへ

筋肉にスイッチを入れる筋トレ

毎日1つでもいいのでチャレンジしてみよう！

1 ニーアップバックランジ

55ページへ

2 バイシクルクランチ

56ページへ

3 ランジ

57ページへ

4 ヒップリフト

58ページへ

5 サイドプランク

59ページへ

6 バックエクステンション

60ページへ

はじめに

はじめまして。シンガーソングランナーとして活動しているＳＵＩです。ＹｏｕＴｕｂｅでの活動のほか、歌って走り、心と体を元気にする方法について発信しています。

現在、ランニングを始めて14年が経ち、年齢は20代から40代になりました。ランニングで落ちた脂肪は筋肉に変わり、心身ともに今が一番健康的で、充実した生活をしていると感じます！

ランニングというと、ハードなスポーツというイメージを持っている人は多いと思います。学生時代に〝走らされた〟体験から、苦手意識を持っている人も少なくありません。私自身もそうでした。

でも、ランニングはムリをする必要はなく、また、ムリをしたからといって結果が出るわけではありません。

大切なのは、**ムリをせずに楽しく続けること！**

１ヶ月、３ヶ月、１年……「自分のペース」で少しずつ続けているだけで、いつのまにか心も体も変わって、人生がまるごと楽しくなっている……！　これがランニングの魅力です。

私がランニングを始めたきっかけ

私がランニングを始めたきっかけは、ダイエットでした。

食事制限、補整下着、エステ、サプリ、断食、「○○だけ」ダイエット、ビール酵母ダイエット……。1週間で劇的にやせたこともありますが、リバウンドの連続！　どれも長続きしませんでした。

そんなときに出会ったのがランニングです。東京マラソンが始まり、ランニングブームが訪れ、「ランニング女子」という言葉も浸透してきたころです。

「ちょっとやってみるか」と軽い気持ちで走ってみたのですが、最初は走り方もペースもわからなかったので、「もう二度と走るか！」と思いました。

それでも試行錯誤しながら続けていくと、**正しいランニングフォームや動きやすい体をつくるストレッチ、筋トレの方法**がわかるようになり、体が動きやすくなりました。

ランニングを始めた20代のころは、階段の上り下りでも息切れするほど体力が低下していましたが、今では**姿勢も改善され、階段を上るといった日常動作もラクにできるようになりました**。体重も少しずつ落ちていき、気づいたころには10kgほど落ちていました。

「小さな目標」を達成する楽しみを感じよう

この本では、「ランニングを始めたいけれどハードそう……」「運動が苦手だからできない」といった初心者の人でも、ランニングをラクに、楽しく続けられる〝ズルい〟方法をたくさん紹介します！

走ることすらままならず、１００回以上ダイエットに失敗した私が、

はじめに

フルマラソンを2時間57分31秒で走れるようになった経験をもとに、正しいランニングフォーム、ストレッチ、筋力トレーニングのほか、初心者向けのランニングプログラムも紹介しています。

私自身が「走り始めたころに知りたかった!!」「これを知っていたら、あんなにダイエットで苦しまなくてよかったのに」という視点で、モチベーションアップの方法やおすすめアイテム、ランニングをより楽しむための目標設定の方法にも触れています。

ランニングは、小さな目標を立て、継続することでその効果が最大限に発揮されます。ムリせず、自分のペースで続けることが最も大切！

この本を通じて、多くの人がランニングを楽しめるようになり、心と体の健康を手に入れるお手伝いができればうれしく思います。

ＳＵＩ

contents

contents

Chapter 3

ランニングライフを充実させる！ステップアップノウハウ

本文デザイン・DTP 佐々木博則
執筆協力 松原孝臣
写真 森モーリー鷹博
ヘアメイク 小楠知恵
イラスト 北村友紀

contents

Chapter 1

「ズルいランニング」が心と体を変えるワケ

「続けられる」から体が自然と変わっていく

ランニングは「歩いてはダメ」と思っているみなさん、安心してください。この本で紹介するランニングは、**苦しくなったら歩いても大丈夫**です。スピードや負荷を落としても、続けていると体は自然と変わっていきます。「苦しくないと結果が出ない」という固定観念を捨て、**自分に合ったやり方やペースを見つけて続けること**が大切です。

練習方法の1つに、やや遅めのスピードで走る「スロージョギング」というものがあります。「こんなに遅くても効果があるのかなぁ」と思う人も多いのですが、エネルギー消費量はウォーキングの2倍！　足腰への負担も少なく、ムリなくランニングをスタートさせることができます。

このように、負荷を下げてもしっかり効果の出る〝ズルい方法〟がたくさんあるのです！

ムリなく、自然とやせていくワケ

私の場合、ランニングを始めて、以前よりもしっかり食事をとるようになっても、気づいたころには体重が10kg以上減って、動きやすい体に変わっていました。

私のまわりのランナーにも、ランニングを始めて10kg以上やせた人はとても多いです。しかも、みんな口を揃えて言うのが「**気づいたら**」なのです！

ランニングが生活の一部になっていくと、

①ランニング中の消費カロリーが増える
②動くのが億劫でなくなり、生活での消費カロリーが増える
③呼吸が深まり、基礎代謝がアップする

④食事よりランニングがストレス発散になり、摂取カロリーが減る

といった、自然にやせる状態になっていきます。

はじめは「走ろう！」と決めても、走れない日もあると思います。

そんな日は、シューズを履くだけでＯＫ！　まずは「シューズを履く日」「ウエアを着る日」を増やしていってください。知らないうちに、ランニングが生活の一部になって、「走りたい」という気持ちが芽生えてきます。

ムリをしなくてもいい、歩きを入れたランニングは、じわっと汗をかくので気持ちがいいです！

「気持ちがいいから続ける」「楽しいから続ける」という気持ちを大切にしてくださいね！　走り続けていると、いずれ「苦しいけど、楽しい！」という領域にたどり着きます（笑）。

はじめは「小さな目標」でいい

ステップ①
ランニングシューズを履いてみよう！

ステップ②
最初はゆっくり、
近くの橋まで走ってみよう！

ステップ③
今日は往復で走ってみよう！

ステップ④
やる気の出ない日は、シューズを履いて、
歩いて買い物に行こう！

ステップ⑤
近くのお店まで走ってみよう！

ステップ⑥
大会に出てみよう！

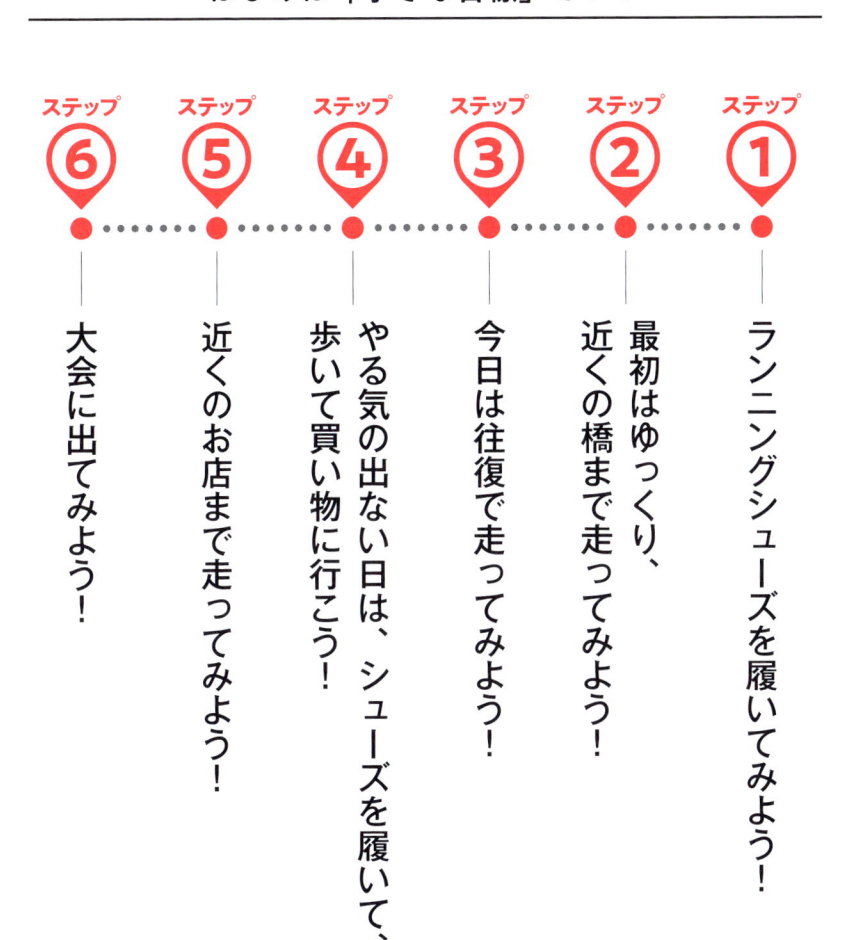

心が整って自信が持てるようになる

私の場合は、ランニングはダイエット目的で始めたのですが、体だけでなく、心にも大きな変化がありました。

その1つは、**自分を肯定的にとらえられるようになった**ことです。

私は、ランニングを始めるまでは失敗ばかりの人生で、「自分を褒める」ということがありませんでした。特に賞をもらったこともなく、成功体験が少ない自分に自信を持てませんでした。

でも、ランニングを始めて自分で小さな目標を決め、それを達成するたびに、**自分に希望を持てるようになりました**。

自分との「走る」という約束を守ることができ、1km走り切る、3km走り切る、5km、10km……と、どんどんできることが増えていきました。

すると、少しずつ自信がついていき、気がついたころには心も体も健康になり、ダイエットも成功していました。

ランニングを始める前は、何事も「なんとなくやる」ということが多く、目標を達成できないまま、フェードアウトすることが多かったです。

でも、ランニングを始めると、「これがしたい！」「だったら、どういう計画を立てよう？」「自分の弱点は何だろう？」というように、プロセスを考えるようになりました。**そうすると、ランニング以外のことでもチャレンジ、そして達成できるようになっていました。**

また、食事に対する考え方も変わりました。

ランニングを始める前は、「また食べてしまった」「また食べすぎてしまった」と食事のたびに自分を責めることが少なくありませんでした。

でも、ランニングを始めると**「食べても走ればいい」と、食べることをポジティブに考えられるようになっていった**のです。

その結果、食事へのストレスが減り、食べる量が自然と適正になっていき、食事のコントロールもできるようになり、少しずつ体重が落ちていきました。

リズム運動でセロトニンが活性化する

「ランニングをすると心が整う」という感覚は、私だけではなく、多くのランナーが感じていることです。「仕事で疲れたから走る」「家事に疲れたから走る」など、疲れを手放す方法としてランニングをする人も多いのです。走ったあとは、みんな口を揃えて「スッキリした！」と言います。

私自身も、かつては「走る=疲れること」と思っていたので、まるで嘘のような話です。ランニングには疲れを吹き飛ばす要素が満載なのです！

研究によると、リズム運動（一定のリズムで体を動かすこと。ランニングのほかに、ダンスやウォーキングやサイクリングがある）でメンタルが安定する効果が得られるといわれています。

リズム運動で、脳内の興奮を抑える**セロトニン**という神経伝達物質が活性化し、メンタルの安定につながるともいわれています（「リズム運動」でメンタル強化を［オムロンHPより2012年11月9日掲載］）。

『運動脳』（サンマーク出版）の著者であるスウェーデンの精神科医アンデシュ・ハンセン氏は、インタビューで、「ランニングなどの運動がストレスに対する耐性、不安に対する耐性、うつ病に対する耐性を高める」と答えています。

ランニングは体だけではなく、心にもいい影響があるのです。

ぜひ、ランニングであなたの心と体にたくさんいい影響があることを、少しでも感じてもらえたらうれしいです！　走る速度も時間も自由に！　楽しく動きましょう。

体力に自信がなくても、高齢になってもできる

「もう歳だから、今からじゃ走れるようにはならないよ」

そんなふうに、ランニングに抵抗がある人は少なくありません。

でも、**ランニングは年齢を問わず、全世代が楽しめる運動**です！

私の知り合いにも、60代から始めた人がいますし、還暦から始めて80歳を超えてマラソン大会に参加することを趣味にしている人もいます。

ランニングを続けるために大切なこと

ただ、何歳になってもランニングを楽しむには、大切なことが2つあります。

1つは、**人と比べずにマイペースに続けること**です。

初心者はよく「○㎞を完走しよう!」「○時間で走り切ろう!」と、いきなり高い目標設定をしてしまいがちです。こうなると、つらくなって挫折しやすくなるだけでなく、故障のリスクも上げてしまいます。

ランニング中は「速く走ろうとしない」「途中で疲れたら歩く」で○K。自分にとってムリのない目標や、心地よい疲労感をつかんでほしいと思います。続けやすい目標や目的を持つことが、長くランニングを楽しむための秘訣です（モチベーション維持の方法は92ページを参照）。

もう1つは、**正しいフォームで走ること**です。

正しいフォームで走っていると、体に負担がかかりづらくなります。

走るとひざや腰が痛いという人がいますが、フォームを見ると、体の中心より下のほうの筋肉（ふくらはぎや足首まわりの筋肉）を使って走っている場合が多いです。負担がかかりやすい走り方をしている人も少なくありません。

ランニングは、ひざや足首を使うのではなく、体幹やお尻を使うと、自ずと全身を使ってラクに走れるようになります（走り方は71ページを参照）。運動経験がない人でも、眠っている筋肉に刺激を与えて目覚めさせてあげれば走れるようになります。

私がランニングを始めたのは20代後半ですが、10代、20代のころは、姿勢が悪く、体幹や使うべき筋肉を使えず、日常生活から呼吸も浅く、疲れやすい姿勢で生活をしていました。

そのころよりも、走り方を身につけた40代の今のほうが、疲れが少ないですし、肩こりや腰痛もありません。

「人と比べずにマイペースに続けること」と「正しいフォームで走ること」、この2点に気をつければ、人生１００年時代でランニングは一生楽しめるあなたの趣味になるはずです。

ランニングの楽しみ方は人それぞれ

ランニングというと、しっかり練習時間を確保して、長時間かけて走ることをイメージする人も多いと思います。

でも、いろいろなライフスタイルがあるように、走る時間や場所、距離など、**ランナーそれぞれにランニングのスタイルがあります**。

朝に走るのが好きな人もいますし、夜に走るのが生活に合っている人もいます。それぞれメリットがあります。

朝に走るメリットは、生活を整えやすくなる、セロトニンが分泌されて睡眠の質が上がるなどがあります。一方、夜に走るメリットは、日中のストレスを発散できる、成長ホルモンの分泌がうながされるなどです。あなたのライフスタイルに合わせて選ぶことをオススメします。

まずは「5分でもいい」「10分でも十分」、そんな気持ちでスタートし、自分の生活に溶け込ませるといいと思います。「歩き」も含めて10分走るだけでも、十分充実感を味わえます。

100㎞マラソンを完走している私でも、時間がないときは、5分、10分でも十分だ！ という気持ちで継続しています。

とにかくムリをしない！ 少しでも動いたら自分を褒める！ が大切です！

仕事帰りや出先で走る人は、**ランニングステーション**を使うのもオススメです（都心部中心に広がっています）。ランニングステーションには、シャワー設備、着替えや荷物を入れるロッカーのほか、シューズやウエアのレンタルサービスをしているところもあります。手ぶらで立ち寄って、走ることができます。

まずは、自分にとって心地のいい時間帯に10分だけ走る、すきま時間に

「心地のいい」時間帯に走ろう

朝に走るメリット

規則正しい生活になって生活を整えやすくなる

朝日を浴びることでセロトニンが分泌され睡眠の質が上がる

朝に体を動かすと、その後数時間は代謝がアップする

夜に走るメリット

日中のストレスを発散できる

体が朝より動くので、心地よく走れる

成長ホルモンの分泌がうながされる

走ってみるのが、運動習慣のない人にはいいと思います。「なんとなく」でも続けていると、体が徐々に変化して、どんどん走りやすくなっていきます。

ランニングを続けていると、自然に走れる距離がのびて「今日は5kmしか走っていない」と口にする人もしばしば……。私たちの体って、使えば応えてくれるんです！

なにごとも1日にしてならず！　なので、週1回でも継続していきましょう！

距離や時間は短くていいので、**3日に1回走る**のが理想です！　この本で紹介しているプログラムや楽しみ方を参考にして、まずは10分から始めてみましょう。

Chapter 2

走るのが楽しくなる！「ズルいランニング」の楽しみ方

走るのが楽しくなるランニンググッズ

ランニングでは、シューズやウエア、ウェアラブルデバイスなど、自分に合ったアイテムを選ぶのも楽しみの1つ。走るのもラクになるので、ぜひ6~7ページも参考にして、お気に入りのアイテムを手に入れてください。

ランニングシューズ

走るときは、ふつうのスニーカーではなく、**ランニングシューズ**を使ってほしいと思います。

なぜなら、通常のスニーカーとランニングシューズでは、走りやすさに大きな違いがあるだけでなく、体への負担のかかり方にも違いがあるからです。

ランニングシューズには、**接地するときのぐらつきを軽減し、前に進みやすくする反発力が備わっています**。

スニーカーでランニングをしていて挫折した人が、ランニングシューズに変えたらフルマラソンを走れるようになったこともあるくらいです！

ここ数年、ランニングシューズは、デザイン面でも機能面でもたいへん進化しています。ひざにやさしいシューズ、ぐらつきが軽減されるシューズなど、走りやすく、体が故障しにくいつくりになっています。各社サイズ、幅に違いがあるので、自分の足にフィットするかは感覚的なところも大きいです。

6ページの6つの要素に気をつけながら、お店で試して選ぶのがいいと思います。「初心者用」「スピードモデル」など、カテゴリー分けされているので**目的から選んでもいいでしょう**。6ページで紹介したシューズも参考に、自分に合った良き〝相棒シューズ〟を見つけてくださいね！

ランニングウエア

家にある服で走ってもいいのですが、上下お気に入りのランニングウエアがあると、より楽しく走ることができます。

ランニングウエアの機能もどんどん進化しており、速乾性素材のウエア、ストレッチ性のあるウエア、UVカット機能のあるウエアなど、快適に走るサポートをしてくれるようになっています。

10km以上走るとなると、ウエアと肌との摩擦が増えるので、肌に負担がかかることもあります。大会出走予定があるときは、**一度当日着用するウエアを着て練習しておく**といいですよ!

女性限定のアイテムになりますが、走るときに**スポーツブラジャー**の着用もおすすめです。バストの揺れを抑えるので、走りやすくなるだけでなく、バストの形の崩れ防止にもなります。

サポートタイプのタイツを着用すると、ひざの痛みの予防になるとともに、股関節の動きが良くなります。筋肉をしめつける**着圧タイプのタイツ**は筋肉のぶれを防いでくれるので、安定した走りができるようになります。

ウェアラブルデバイス

ウェアラブルデバイスをつけて走ると、心拍数やタイム、距離などを測定できるので、自分のコンディションや走行距離などを把握できます。ランニングアプリをスマートフォンに入れておけば、練習内容が記録されるので、走った距離のほか、同じ距離でも速く走れるようになっていることなど、小さな変化も確認できます。ランニングのモチベーションアップのツールとして、使ってみてください。

スマホを持たずに手ぶらで走りたい人は、**ウェアラブル時計**、**ランニングウォッチ**がオススメです。多くの機能を持ったものがありますが、フルマラソンが目標であれば**長時間充電がもつもの**がいいでしょう。

サングラス・帽子・飲み物など

長時間走ると、紫外線から目や肌がダメージを受けるので、帽子やサングラスを着用するといいと思います。

また、飲み物は水やスポーツドリンクを用意して、走っているときは**のどが渇く前に飲む**ようにしましょう。冬でも30分に1回飲むのを心がけてください。私の場合、しっかり走る日は、水500㎖に天然塩小さじ1／4、はちみつ大さじ1、レモンの輪切りを入れた、自作のスポーツドリンクを持参しています。

揺れにくい設計のランニング用リュック（7ページを参照）もあります。軽食や着替えを入れて走ることもできるので、1つあれば便利です。

「動かす」部分がわかればラクに走れる

ランニングはきついイメージがあると思いますが、正しいラクな走り方さえ身につければ、続けやすく、ケガのリスクもぐっと減らせます。

この本で紹介する「ズルいランニング」では、**股関節**《こかんせつ》と**腸腰筋**《ちょうようきん》を使うことを意識してもらいます。

①「股関節」の動きを良くすると脚が動きやすくなる

現代では、股関節を使う機会が多くありません。

階段よりもエスカレーター、和式トイレではなく洋式トイレを使う、運転、デスクワークなどで座りっぱなしが多いですね。

股関節の動きが悪くなり、脚を上げる動作を担う腸腰筋が硬くなっていたり、弱っていたり、骨盤が動きにくくなっている状態です。そんな状態でいきなり走ると、つらくなるのは当然です。

走る前に、1分でも、1種類でもいいので、**準備運動**（61ページから紹介）をすることで、ランニングは格段にラクになります（プロの選手たちは1時間以上準備運動にあてています）。股関節の動きが良くなると、自然と一歩が出やすくなりますよ！

まずは、股関節まわりをしっかり動かせるように、ストレッチやトレーニングをしましょう（48〜53ページで紹介）。

また、ランニングで大切なのは、**体幹**を使って走ることです。体幹とは、首から上、うでと脚を除いた胴体のことをいいます。

「でんでん太鼓」をイメージしてください。太鼓の持ち手を動かすと、先についているヒモや玉が動いて音が出ますよね？

走るときも同じです。「**体の中心（体幹）が動くから、その先の手脚が動**

く」というイメージが大切です。

②「腸腰筋」をうまく使えば脚をラクに上げられる

筋肉にはアウターマッスルとインナーマッスルがあります。

アウターマッスルは、体の表面の筋肉のことをいい、主に瞬発力を発揮するときに使われます。短距離走や、重いものを持ち上げる大きな力を使うときなどです。

一方インナーマッスルは、体の奥にある深層筋のことで、**姿勢保持、呼吸のサポート、骨盤や関節の安定につながる筋肉**です。正しい姿勢を維持したり、息を吸ったり吐いたりするときにも使われています。

ランニングで重要な筋肉の1つに、このインナーマッスルの**腸腰筋**があります。腸腰筋（大腰筋・小腰筋・腸骨筋）は上半身と下半身をつなぐ筋肉で、脚を上げるときに使われます。

初心者はよく、**ひざを上げて前ももの力で走ろうとします**が、ひざを上げて走ると、ひざを中心に脚を動かすので、脚が前につき、ひざや足首に負担がかかります。故障の原因になるだけでなく、なかなか前に進まない、つらいランニングになります。

腸腰筋をしっかり使って走れるようになると、腰高フォームで、脚の回転がしやすくなり、ひざへの負担も軽くなりラクに走れます。

運動不足の人や運動経験の少ない人は、腸腰筋がうまく使えず、「筋力がないので使えない」と思うかもしれませんが、腸腰筋の「スイッチ」を入れれば、誰でも腸腰筋を使えるようになります。

股関節と腸腰筋

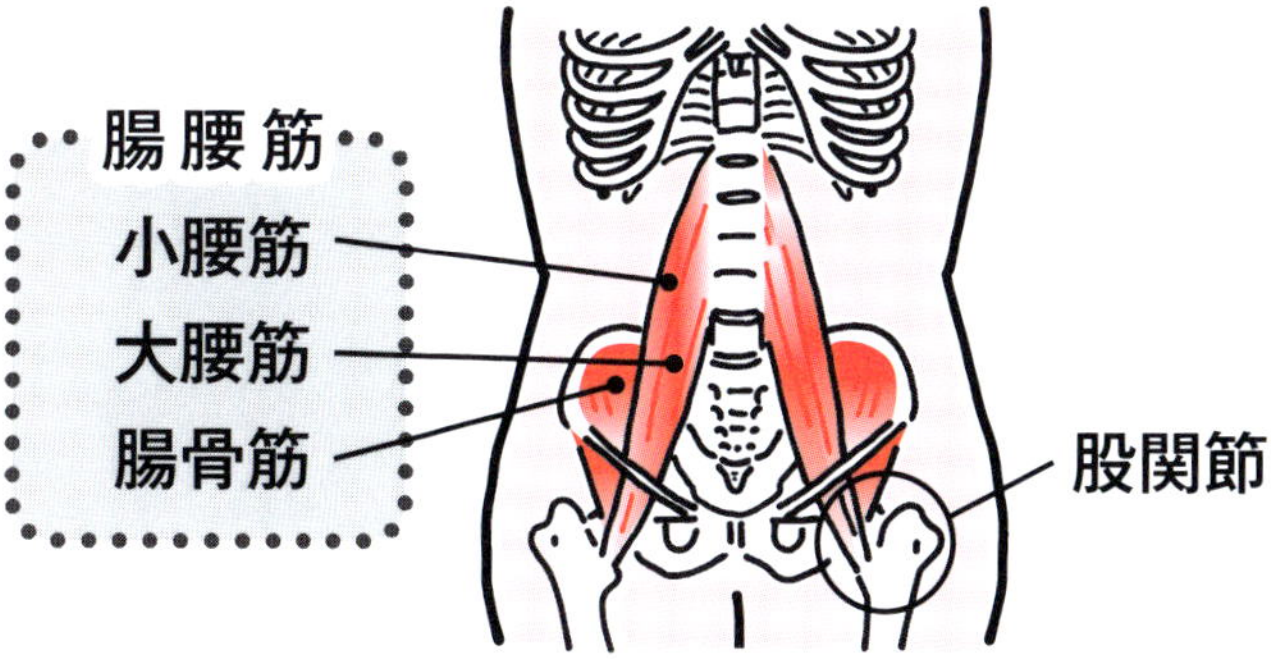

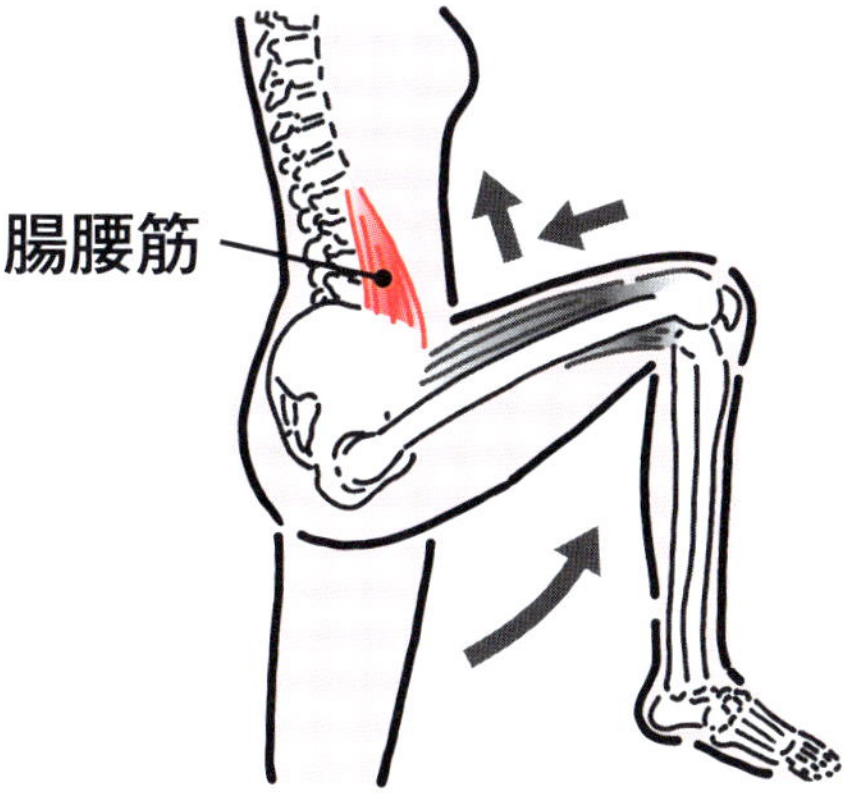

体の可動域を広げる「日常のストレッチ」

ラクに走るためには、日常のストレッチがとても大切です。

私がランニングを始めたころは、ストレッチで股関節の可動域が広がることを知らず、小さな可動域で走ってしまい、すぐに疲れてしまいました。

股関節の可動域が狭いと、脚の動きが小さくなりスピードも出ません。

股関節の可動域が広がると、脚が自然と上がりやすくなり、体の重さを感じにくくなります。さらに、内転筋（内もも）や中臀筋《ちゅうでんきん》（お尻の上のほうの筋肉）を使えるようになるので、足元のぐらつきがなくなり、安定した走りができます。

1つでもいいので、毎日のルーティンに取り入れてみてください。

日常のストレッチ①
股関節をやわらかくする

動画も
チェック ⇨

❶ ひざを曲げ、ひざ頭が地面に着くくらいまで倒す

ひざを90度に曲げ、
ひざ頭が地面に着く
くらいまで倒す。

❷ ひざを反対側に倒す

左右交互に合計50秒
ほどおこなう。体はで
きるだけまっすぐにし、
下半身だけを動かすイ
メージでおこなう。

日常のストレッチ②
股関節をやわらかくする

動画も
チェック ⇨

❶ 脚を伸ばし、つま先を内側に向ける

脚を伸ばして、つま先を内側に向ける。このとき脚全体が浮かないようにする。

❷ つま先を外側に向ける

これを交互におこなう。

日常のストレッチ③
股関節をやわらかくする

動画も
チェック ⇨

❶ ひざを曲げ、背筋をまっすぐ伸ばす

ひざを90度に曲げ、
背筋を伸ばす。

❷ 上半身を前に倒す

ポイント！

はじめはお尻が浮いていてもOK。続けていると浮かなくなる。

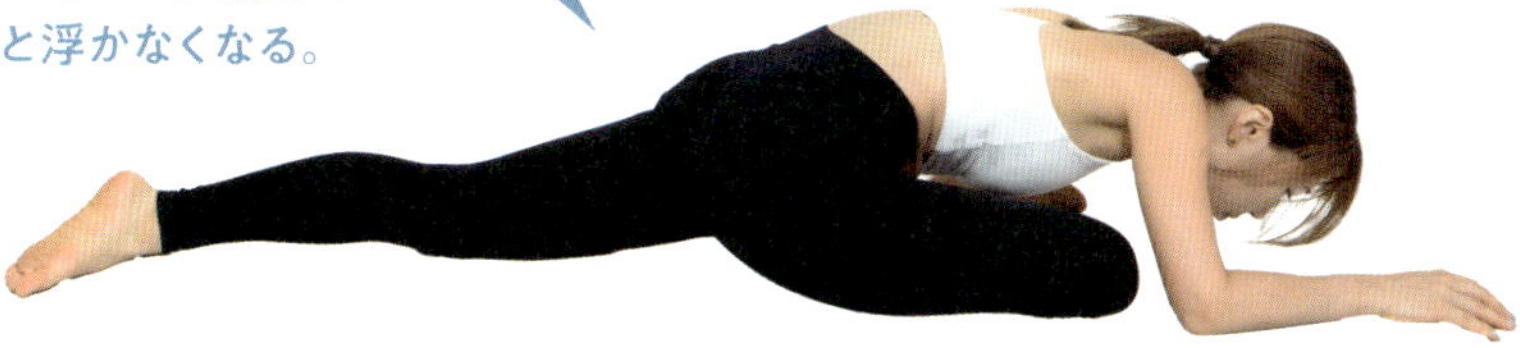

できるだけ背筋を伸ばしたまま、上半身を前に倒す（約30秒間）。脚を変えて、反対側もおこなう。

日常のストレッチ ④
腸腰筋をやわらかくする

動画も
チェック ⇨

❶ 片脚を立て、ひざを曲げる

片脚を前に出し、ひざを 90 度に曲げる。胸を背中側に押し込めて、両手を前に出してボールを抱えるような体勢にする。

❷ 体勢をキープしたまま、前の脚にやや体重をかける

ポイント!

背中はなるべく丸め、骨盤の下を少し前に出す。呼吸はゆっくり、深くおこなう。

前の脚にやや体重をかけ、地面を強く踏み込む。

日常のストレッチ⑤ 前ももをやわらかくする

動画も
チェック ⇨

❶ 片脚を立てて、もう片方の足の甲を手で持つ

ひざを９０度に曲げ、もう片方の足の甲を手で持ちながら、お尻に近づけていく。

ポイント！

ひざの上を地面に置く。タオルを敷くのもGOOD。

❷ 近づけた足を両手で抱える

両手で足を持ち、前を向いたら、かかとをお尻に近づけたままキープ。

ポイント！

呼吸を深くしリラックスすると、かかとをお尻に近づけやすくなる。かかととお尻がくっつかなくても大丈夫。

筋肉のスイッチを入れる「筋力トレーニング」

筋トレと聞くと「つらいことはしたくない！」という人もいるでしょう。

でも、ここから紹介する筋トレは、**筋肉にスイッチを入れるもの**です。つらくなるほどやる必要はありません。3回、5回でもOKです！　とにかく、走るための筋肉を起こしてあげてください！

この筋肉のスイッチが入ると、走りやすくなるだけでなく、日常から姿勢を保ちやすくなり、階段の上り下りがしやすくなります。

姿勢のいい体、深い呼吸をしやすい体に変わり、疲れにくい体に変化していきます。はじめはめんどうで、ちょっとつらいと思うかもしれませんが、後々ラクになるのでぜひトライしてください！

腸腰筋とお尻を鍛える筋トレ ①
ニーアップバックランジ

動画も
チェック ⇨

❶ お尻に体重を乗せながら、体を下に落とす

体幹を意識し、片脚を後ろに引いて地面を押し、体全体を下に落とす。

ポイント！

❷ 脚で地面を押しながら、上に起き上がる

体幹を意識し、体全体で上に上がる。
それぞれの脚で30秒ずつおこなう。

ポイント！

ひざを上げようとするとかえって上がらなくなるので、腸腰筋で脚を上げよう！（みぞおちあたりから上げるイメージ）

腸腰筋を鍛える筋トレ ②
バイシクルクランチ

動画も
チェック ⇨

❶ 上半身を起こし、ひじを反対側のひざに近づける

体幹を使って上半身を少し起こし、ひじと反対側のひざに、ひじを近づける。

❷ 近づけたあとは離し、反対側のひじとひざを近づける

近づけたひじを離し、腸腰筋の伸びを感じる。30秒間動かし続ける。

ポイント！

伸ばした脚はできるだけ浮かせよう

お尻とハムストリングスを鍛える筋トレ ①
ランジ

動画もチェック ⇨

① 脚を前後に開き、お尻を下に落とす

脚を前後に大きく開いて、前のひざが90度になるくらいまで、お尻を下に落とす。

ポイント！

体を下に落とすことで、ひざが自然と曲がることを意識しよう。

② お尻の力を使って、体を上に持ち上げる

お尻の力を使って、体全体を上に上げる。上下の動きをおこなう。

ポイント！

ひざが内側に入ったり、外側に逃げたりしないようにしよう。

お尻とハムストリングスを鍛える筋トレ ②
ヒップリフト

動画もチェック ⇨

❶ うでを体の横に置き、両ひざを立てる

腰と地面の間に空間ができないように、ぴったりと背中・腰を地面につけ、両ひざを立てる。

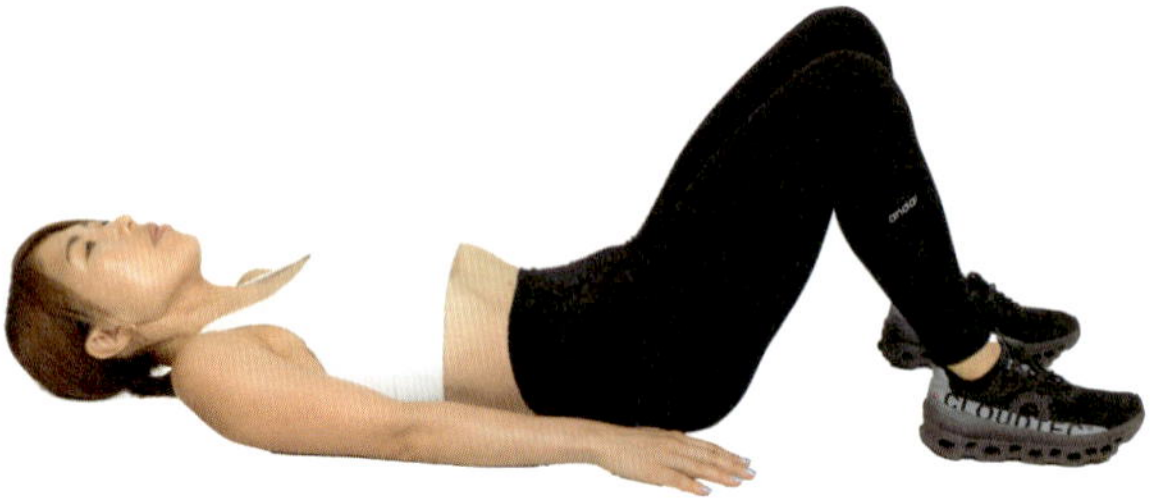

❷ お尻からひざまで一直線になるように、お尻を持ち上げる

ポイント！

足の裏で地面を押しながらお尻を上げる。お尻の穴を締めると、よりお尻が使いやすくなる！

お尻を持ち上げたあとは、おろす。上げ・下げを繰り返す。

体側を鍛える筋トレ①
サイドプランク

動画も
チェック⇨

① 横を向いて、片うでで体を支える

横を向き、頭から足まで
一直線のラインにする。

② 体全体を起こし、うでで体を支える

脚を伸ばして体を起こし、
うでで体を支える。

ポイント！

体幹が鍛えられるのでランニング時の体のぶれが減る！

お尻と背中を鍛える筋トレ①
バックエクステンション

動画も
チェック ⇨

❶ 両手を伸ばし、左右の肩甲骨を遠くに離す

うつぶせになり脚を伸ばす。
両手を伸ばし、肩甲骨を離す。

ポイント!

うでを動かすより、肩甲骨まわりの筋肉を動かすことを意識しよう!

❷ 左右の肩甲骨を寄せ上半身を起こす

上半身を起こし、左右の肩甲骨を引き寄せる。その後、ふたたび左右の肩甲骨を離す。これを繰り返しおこなう。

ポイント!

脚は伸ばしたまま動かないようにし、目線を斜め前に向ける。

筋肉を動かしやすくする！走る前の「準備運動」

ここで紹介するのは、「動的ストレッチ」です。走る前の準備運動と思ってください。

体をゆっくり伸ばす静的ストレッチに対し、動的ストレッチは硬いゴムをゆっくり伸び縮みさせるようなイメージです。**筋肉を動かしやすくしていきます**。

体は一生一緒にいる相棒です。「今日もよろしくね！」と相棒に語りかけるように動かしてあげてください。きっと体も応えてくれます！

寒い時期は特に筋肉が硬くなりやすいので、準備運動をしっかりとおこないましょう。

準備運動 ①
肩甲骨の可動域を広げる

動画も
チェック ⇨

❶ ひじで大きな円を描くように、肩甲骨を回す

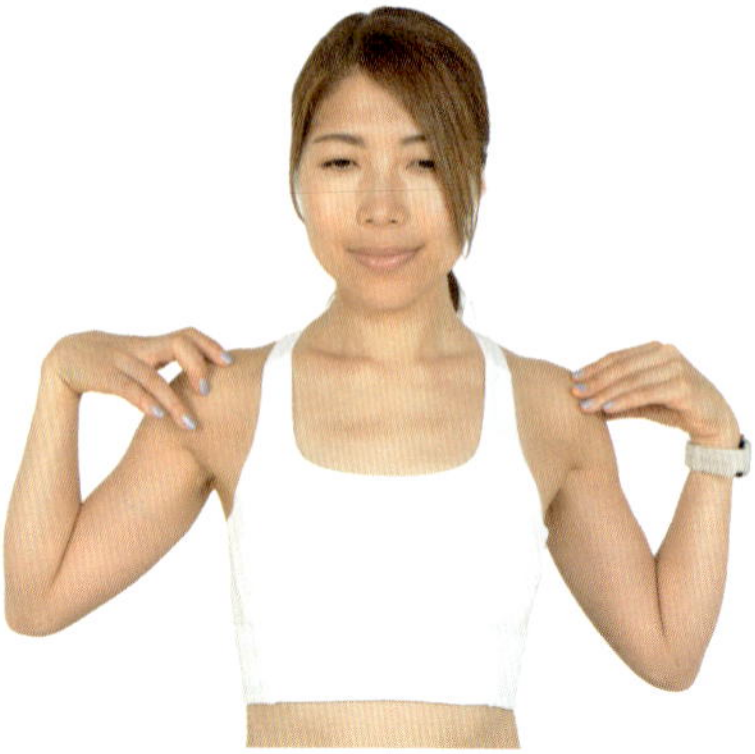

ひじで円を描くように大きく回し、肩甲骨を動かす。

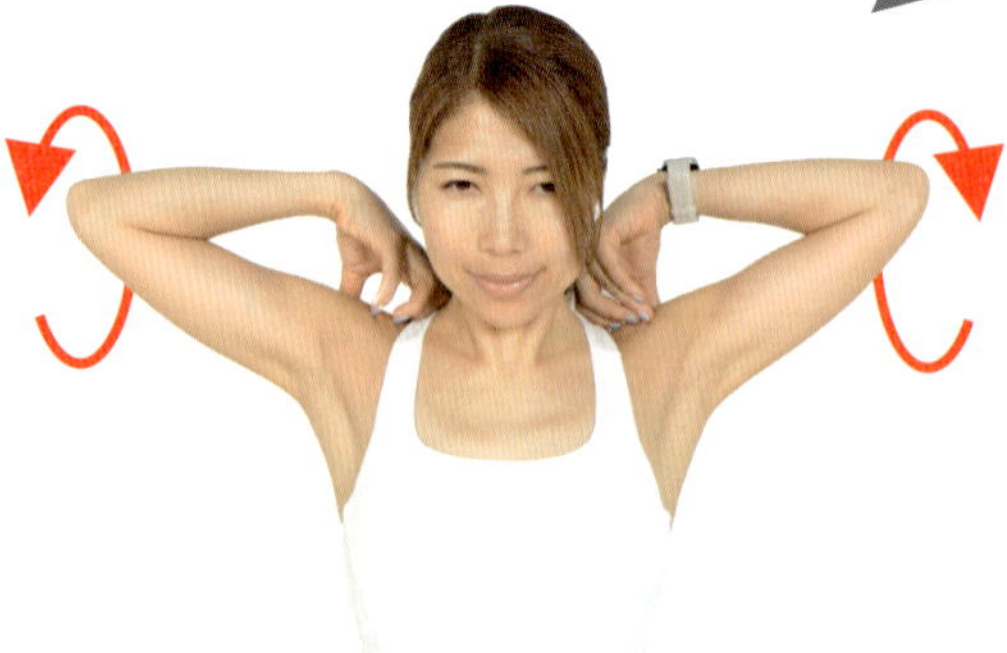

ポイント!

背中が反りがちなので、お腹に力を入れることを意識する。

準備運動②
肩甲骨の可動域を広げる

動画も
チェック⇨

1 ひじとひじを合わせて背中を丸める

息をフーッと吐きながら、前でひじとひじを合わせる。大きい背中を作るイメージで。

2 胸を大きく開き、息を吸う

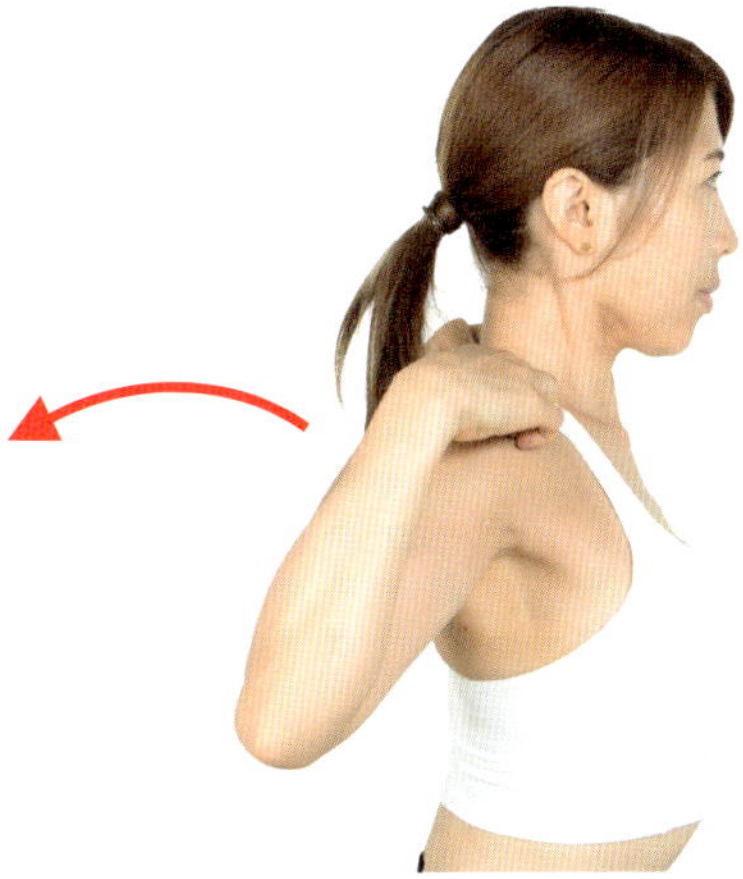

手を肩に置き、息を吸いながら肩甲骨を寄せて胸を大きく開く。

準備運動 ③
肩甲骨の可動域を広げる

動画も
チェック ⇨

1 脇をしめ、両手を前で近づける

手のひらにお盆をのせるイメージで、両手を前で近づける。

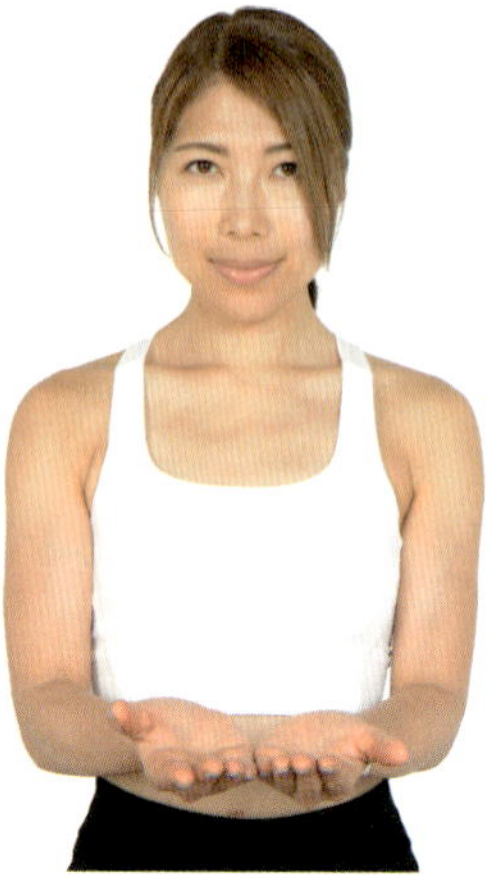

2 肩甲骨を寄せながら、両手を外側に開く

肩甲骨を寄せながら、両手を肩のラインまで開く。

ポイント!

肩甲骨がしっかり動くと、うでもしっかり振れて体が連動しやすくなる。

準備運動④
股関節と肩まわりの可動域を広げる

動画もチェック ⇨

1 脚を大きく開いて、片方の肩を内側に入れる

脚を左右に大きく開いて、両ひざに手を置く。その状態のまま、右側の肩を内側に入れる。両手でひざを外側に押す。

ポイント！

天井を見上げるようにし呼吸を続ける。

2 反対側もおこなう

その状態のまま、左側の肩を内側に入れる。左手はひざに置き、外側に押す。左右繰り返しおこなう。

準備運動 ⑤ さまざまな筋肉を刺激する

動画も
チェック ⇨

❶ 両手と両脚を大きく開く

手と脚を左右に大きく開き、「大」の字で立つ。

❷ 右手を左足のつま先にタッチさせる

右手を左足のつま先にタッチさせる。そのとき左手は上に高く上げる。交互に約30秒間、左右繰り返しおこなう。

ポイント!

つま先には実際にタッチしなくてもOK。体をねじることが大切!

準備運動⑥
体側を伸ばす

動画も
チェック⇨

❶ 右うでを上げ、左うでを下に伸ばす

右側のうでを上げ、左うでを下に落とす。

❷ 右うでを遠くに伸ばし、左うでをさらに下に下げる

左うでの重みで、下にひっぱられるように体全体を左側に倒す。反対側もおこなう。

ポイント！

真横に伸ばすことを意識しよう！脚は横に開いて踏ん張ります！

準備運動 ⑦
股関節をほぐす

動画も
チェック ⇨

❶ 脚を前後に大きく開いて、体を下に落とす

脚を前後にまっすぐ開く。そのまま体を下に落とし、前に出した足の内側に手を通す。

❷ 体を落としたまま、体を前後に動かす

この状態から体を前後に動かしたり、円を描くように内側や外側に動かしたりする。反対の脚もおこなう。

ポイント!

背中をまっすぐ伸ばすイメージで!

準備運動 ⑧
股関節をスムーズに動かす

動画も
チェック ⇨

❶ 股関節を大きく回す

股関節を前後・左右に大きく回す。反対側の脚もおこなう。

準備運動 ⑨
股関節を大きく動かす

動画も
チェック ⇨

❶ 脚を前後に動かす

手すりなどを持ち、脚を前後にぶらぶらと大きく動かす。

ポイント!

股関節が中心にあって、振り子にして脚が動いているイメージで。うでも振ると、より動かしやすくなる!

ポイント!

少し反動を使うと可動域が広がりやすくなる!

ズルいランニングの基本フォーム

それでは、ここから「ズルいランニング」の基本フォームを押えておきましょう。二次元バーコードから動画も見てもらえると、さらによくわかると思います。

①「腸腰筋」を使って走る

まず、一度立って、片脚を上げてみてください。

次に、腰や骨盤まわりの腸腰筋（73ページを参照）を揉んでください。

そしてもう一度、先ほどの脚を上げてみてください。脚が上がりやすくなりませんか？

さらに、両手を上げた状態で、同じ脚を上げてみてください。みぞおちあたりから、脚が上がる感覚になるはずです。

これが「筋肉にスイッチが入った状態」です。

走るときに、最初に両手をグッと上げると腰の位置が高くなり、腸腰筋が使いやすくなります。感覚をつかめるまで、やってみてください。

腸腰筋が使えるようになると、ひざが前に出にくくなり、過度に負担がかかりません。足が接地するときの反発を上手に使えるようになるので、ラクに走れるようになります。

②地面を踏んで返ってきた反発で走る

走っている状態をイメージするとき、多くの人は、次の①②の連続だと思っていることが多いです。

①脚を上げて、前に出す

①『腸腰筋』を使って走る

動画もチェック ⇨

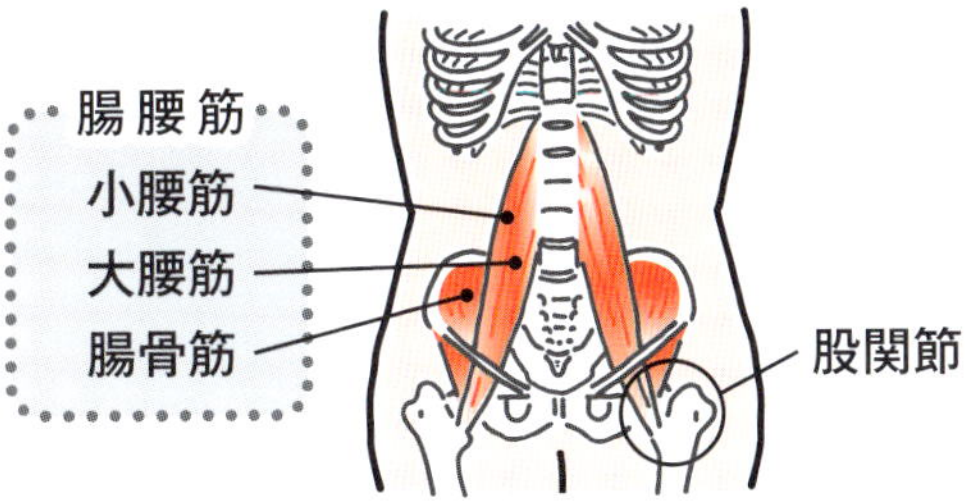

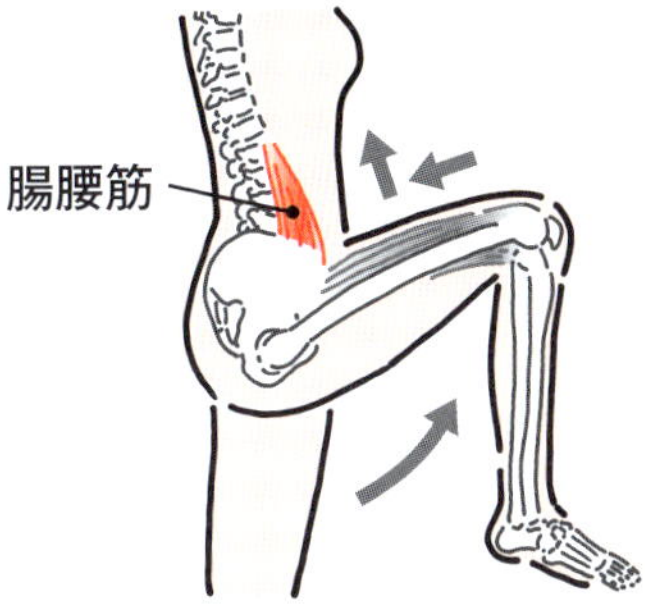

腸腰筋を使って
走れている状態

②脚が下がる（脚で地面を踏む）

でも、実はこれは逆なんです。こうすると、重力に逆らった動きを続けることになり、走るのがつらくなります。

走るときは、次の①②の順で走るようにすると、反発の力を得やすくなり、走っているときの感覚が変わります。

①脚が下がる（脚で地面を踏む）
②脚が上がる（反発）

一度、立ったままで「ぐっ」と片脚で地面を踏んでみてください。反対の脚が上がってきませんか？ このイメージで、「地面を踏む」ところから走りましょう。

② 地面を踏んで返ってきた反発で走る

動画もチェック ⇨

❶ 脚で地面を踏む

❷ 地面の反発を得て脚が上がる

③ 手は軽く卵をにぎる感じで走る

GOOD

BAD

ランニング初心者さんには、足裏全体で地面につく**フラット接地**がオススメです。足の一部に負担がかからず、ケガのリスクも減ります。

走るときに、心の中で1、2、1、2と唱えながら、着地を「1」にして走ってみてください。もっともっとラクに走れるはずです！

③手は軽く卵をにぎる感じで走る

走るときは、とにかく**手のひらに力を入れないこと**が大切です。

手をギュッとにぎってみてください。うでや肩に力が入りませんか？うでや肩に力が入ると背中の筋肉が使えず、体が内側に入り、うでが振りづらくなります。呼吸もしづらくなるので、つらいランニングになります。

ランニングでうでを振るときは、**手のひらで卵をやさしく持つ感覚で、うでは意識して振ろうとしなくてOK**。

背骨を中心軸として、**軸が動くことでうでが連動して自然と動く感覚を持**

つと、長時間走っても疲れません。

さらに、走るときは肩を少し下に落としてみてください。背中の筋肉に刺激が入るのがわかると思います。

背中の筋肉を使えると、さらにラクに走れるようになります。


とにかく、がんばらないことが大切！　力みを抜くことが、長くラクに走るコツです。体中にランニングを助けてくれる筋肉がたくさんあるので、それらを味方につけて走りましょう。

10分に1回くらいは「ハァー」と意識的に深く息を吐いて、脱力することもオススメです。

上半身の力みがなくなると、下半身との連動も良くなり、走りやすくなります！　肩まわりのストレッチを続けて、肩甲骨の可動域を広げていきましょう。

走ったあとのストレッチ

走ったあとにストレッチをしておくと、筋肉の緊張がやわらぎ、血液循環をうながすことができます。

ストレッチをしておくと回復が早まるので、翌日も体を最適な状態に保つことができます。


特に長距離ランニングや高強度のトレーニングをしたあとは、筋肉が硬くなりやすいのでしっかりストレッチをするといいと思います。

ふくらはぎ、ハムストリングス、お尻など、ランニングで特に負担がかかる部位を中心に、じっくりと時間をかけて伸ばしていきましょう。

動画も
チェック ⇨

走ったあとのストレッチ

❶ 肩・肩甲骨まわりのストレッチ

左うでを右側に伸ばし、右うでで抱える。顔は左側に向ける。反対側もおこなう。

❷ お尻のストレッチ

左ひざの上に右足のくるぶしあたりをのせ、背筋をまっすぐキープしたまま前傾させる。反対の脚もおこなう。

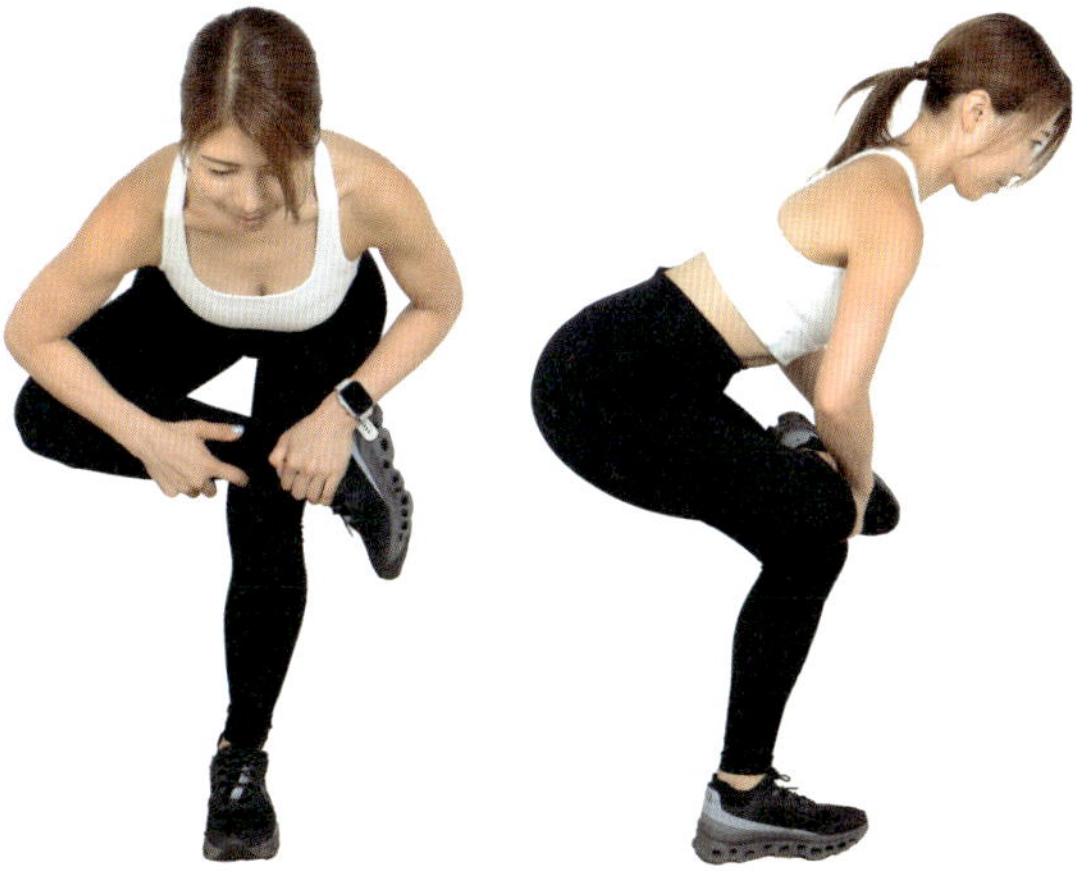

動画も
チェック ⇨

走ったあとのストレッチ

❸ 脚裏全体のストレッチ

脚をクロスさせ、両手を前に伸ばす。脚を組み替えて、反対側もおこなう。

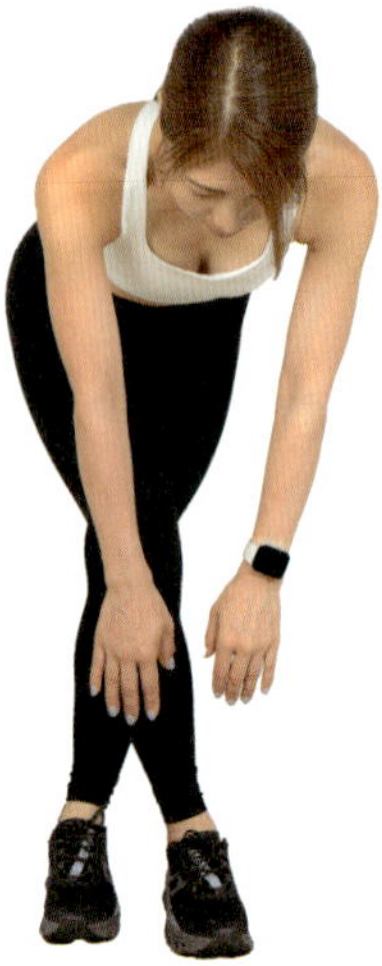

❹ 前もものストレッチ

両手で足の甲を持ち、前ももを伸ばす。反対側の足もおこなう。

動画も
チェック ⇨

走ったあとのストレッチ

5 ふくらはぎのストレッチ

左脚を伸ばし、両手でつま先をつかむ。反対側の脚もおこなう。

6 すねの張りをとる

脚のすねを両手で揉む。

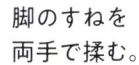

初心者向けのランニングプログラム

ランニング初心者は、続けるための目標設定に迷うと思います。

ここでは、初心者向けのランニングプログラムを３つご紹介します。自分が目標設定しやすいものをチョイスしてください！

①歩いて10分の場所まで走るプログラム

これは**「距離」を目標にして走るプログラム**です。歩いて10分くらいの場所まで走ってみましょう。途中で歩いてもＯＫです。歩いて10分の場所は、距離でいうとおよそ**800m**、往復で1・6㎞です。
公園や橋、コンビニやパン屋さんなどの、目標の場所を決めて走ると、なんとなく走るより、とてもラクに走ることができます（走ったあとの「ごほうび」のつくり方は98ページで紹介）。

往復の距離をムリなく走れるようになったら、さらに少し遠くの場所を目標にして走ってみましょう。続けていると、確実に距離がのびていくので楽しくなってきます。

距離はどんどんのばしたくなりますが、**「もうちょっといけそう！」と思えるくらいで留めておきましょう**。心身ともに負担をかけすぎないのがポイントです。

はじめのうちは、走るペースは「息が上がらないペース」がいいと思います。心拍数でいえば、**110〜120程度**が目安です（スマートウォッチでは心拍数を測ることができます）。110はウォーキングでも達する心拍数です。

ランニング時に、息を「吸おう」とする人がいますが、走っているときは

「吐く」ことを意識してください。息を吐くと、次は勝手に空気を「吸う」ようになり、呼吸は自然と続いていきます。吐くことで肩の力みが抜け、より呼吸がしやすくなります。

②10分間動き続けるプログラム

これは、10分間走り続けるプログラムです。**「時間」を目標にして走ります**。早歩きの延長くらいの速さで、とにかく走り続けましょう。つらいと思ったら、歩く速さで「走る」という動きを続けていきます。

走っているときは、「10分間走り続けられたときの感動」をイメージしてみてください！

つらいと思ったら①のプログラムに戻ってOKです。慣れてきたら、15分、20分、25分と小刻みに時間をのばしていきます。

苦しくなったらレベルを下げる。でもやめない。これが大切です。

①歩いて10分の場所(800m)まで走るプログラム

開始～**100**m　張り切りすぎず、ゆっくりとスタート！

200m　顔を上げて、歩いて見る景色との違いを楽しんで！

400m　息が上がってきたら、ここで少しペースダウン。

600m　あともう少し！
目的地が見えてくるとラクに感じるはず！

②10分間動き続けるプログラム

開始～**1**分　この時間が一番キツいとき。
張り切りすぎず、ゆっくり走ろう！

5分　キツくなったらペースダウン。走るリズムを大切に！
肩が内側に入っていたら、もとに戻そう！

8分　息をハァーと吐き、肩を少し下げるイメージで走ろう！

③音楽を聴きながら走るプログラム

1曲目　曲のテンポが180BPMくらいの曲でスタート。“ポン・ポン・ポン”という曲のリズムにのり、脚も動かしましょう！

2曲目　ここががんばりどき！　ドラムやベースの音がハッキリ聞こえる曲だと、体を動かしやすくなります！

3曲目　「映画のエンディングのような曲」に変えて、主人公の気分で走りきって！

日常生活で運動と縁のない人も多いと思います。1日8000歩以下の人が多い現代社会です。体に「走るモード」が搭載されていない中で走るのはキツイに決まっているのです。

「歩き」も入れながらランニングを続けていると、自然と心肺機能が上がり、「1ヶ月前はあんなにつらかったのに！」と思う距離や速さで、ラクに走れるようになります。

週に2回このプログラムで走ると、心肺機能が上がり、少しずつ走れる時間が長くなります。時間はムリのない範囲で、少しずつのばしましょう！

③ 音楽を聴きながら走るプログラム

音楽を聴きながら走るのも、ランニングプログラムとしてオススメです。

最初は**5分くらいの曲を1曲分走り、それが達成できたら2曲、3曲……と曲数を増やしていきましょう**。

最近では、耳をふさがない骨伝導、空気伝導タイプのイヤホンも売っているので、外の音が聞こえない危険性も低いです。

ランニングのモチベーションが上がるミュージックリストを作って、それを聴きながらランニングをするのもいいですね。ランニングでは170〜180くらいのBPM（曲のテンポを表す単位）で走るのがおすすめです。速く感じたら、歩幅を狭くして〝ポンポン〟と軽く地面を踏む感じで走りましょう。

テンポが遅すぎると、足の接地時間が長くなり、かえって疲れの原因になります。

私自身もランナーさんを応援する曲をたくさん作っているので、ぜひ聴いて走ってみてくださいね！（二次元バーコードから聴くことができます）。

ランニング中の呼吸をラクにする方法

デスクワークやスマホの使用によって姿勢が悪くなったり、運動不足やストレスによって呼吸が浅くなっている人が多くいます。**姿勢が悪いと呼吸が浅くなり、早歩きでも息切れしやすく、日常的に疲れやすい状態になります**。

また、呼吸に必要なさまざまな筋肉（呼吸筋）が硬くなっている人も多く見受けられます。このような状態で走ると、当然、ランニングがつらく感じられるでしょう。

浅い呼吸はメンタルや睡眠にも悪影響を与えるので、ランニングをきっかけに改善していきましょう！

呼吸筋のほぐし方

呼吸をする際、肺がふくらむのは、肺自体が動くからではなく、まわりの呼吸筋の動きによって「ふくらまされている」からです。呼吸筋が硬くなり、動きが悪くなると、呼吸がしづらくなります。

特に呼吸筋の中でも重要なのが**横隔膜**《おうかくまく》です。

横隔膜は、息を吸うと下がり、息を吐くと上に上がることで、肺に空気を入れたり出したりする役割を担っています。横隔膜やそのまわりの筋肉をほぐすことで、**呼吸がしやすくなります**。

①横隔膜のマッサージ

座ったままでも立ったままでもかまいませんが、仰向け状態が一番やりやすいです。

まず深呼吸をして、リラックスしてから始めます。

仰向け状態の場合は、みぞおちあたりに親指以外の指を置き、押します。

立っていたり、座っていたりするときは、指を置きながら体を少し前に倒します。

次に肋骨に沿って脇腹あたりまで指を移動させていきます。可能であれば、肋骨の裏側に指先を入れ込み、移動させてみてください。

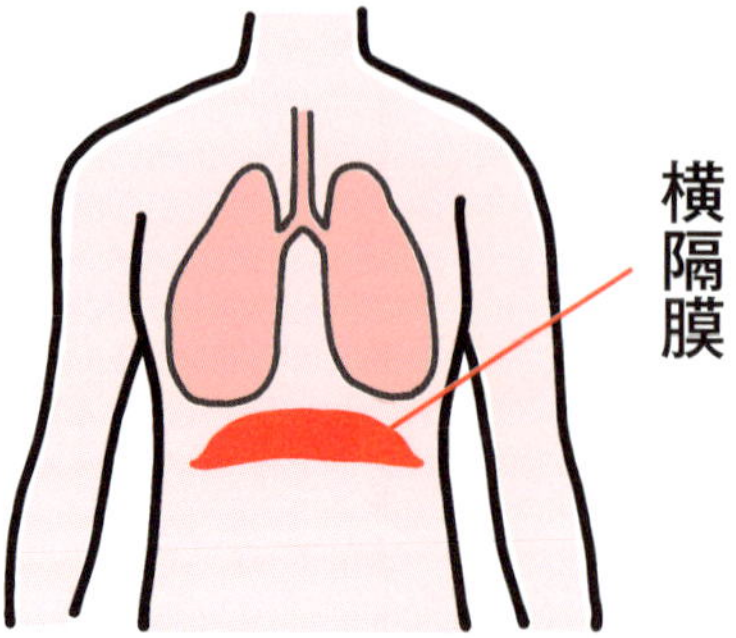

ほぐしたあとは、呼吸のしやすさを感じると思います。
日によって硬さが違うので、自分の体調の状態をチェックするといいと思います。この他にも、67ページで紹介した体側のストレッチも、呼吸筋をほぐすのに有効です。
続くChapter 3からは、ランニングライフを充実させるヒントをたくさんご紹介します。自分に合った方法を見つけて、ランニングライフを思いっきり楽しんでください。

Chapter 3

ランニングライフを充実させる！ステップアップノウハウ

練習のモチベーションを維持する方法

誰でも、走る習慣を身につけるのは難しいと思っていると思います。なので、**続かないのが当たり前**！　続けられないからといって、すぐ自分を責めないでくださいね！

自分に合った練習方法さえ見つけられれば、驚くほどラクに、ランニングを続けられます。いつのまにか「走りたい！」「走りにいかないと気持ちが悪い！」状態になります！（嘘でしょ？　と思うかもしれませんが、多くのランナーが同じ言葉を口にしています）。

とにかく、**最初はレベルをとことん下げて、日常生活の中にムリなく、溶け込ませていきましょう**。

つらい、キツイことはなかなか続きません。「もうちょっといける！」を継続させていきましょう‼　ランニングは息が上がるほどがんばらなくても、十分ダイエット効果や健康増進効果、心の安定効果があります。

朝に時間を取りやすい人は朝、夜のほうがいい人は夜のように、生活の中で取り組みやすい時間帯にやっていきましょう！

ランニング仲間をつくって走る

1人で走るのも楽しいのですが、やはり仲間がいるとさらにがんばれますし、情報交換もできて、よりランニングライフが充実します。

「走りたくないなぁ」という日も、仲間と約束をしていると重い腰が上がり、走ったあとは「やってよかった！」と思えます。

私自身も最初のうちはずっと1人で走っていて、大会の往復も1人。1人は気持ちがラクな部分もありましたが、ちょっと寂しかったりもしました。

仲間づくりは少しハードルの高さはありますが、ご紹介する方法でぜひトライしてみてくださいね！

①ランニングイベントに参加する

e-moshicom（イー・モシコム）というサイトでは、全国の小規模～大規模のイベントが掲載されています。内容を確認して、自分が参加できそうなイベントに参加してみましょう。「初心者向け」や「初心者ＯＫ」のイベントは、初心者でも安心して参加できます。

イベントでは、誰かと一緒に走ることを楽しんでみてください。仲良くなった人と後日一緒に走ったり、同じ大会に出場したりという話もよく聞きます！

②ＳＮＳで走った記録を発信する

ＳＮＳに「今日は１㎞走った」のように、ランニングの記録を発信するのもいいと思います。

日記として続けていると、記録が残っていくことでさらにモチベーションも上がりますし、ＳＮＳでつながった人と同じグループで走るようになった人もたくさんいます。

③家族と一緒に走る

家族をランニング仲間にする方法もあります！

最近では、親子で一緒に大会に出て走る**親子ラン**のイベントもたくさんあります。家族の交流にもなりますし、生活の中にランニングを取り入れる目標にもなります。

また、家族に赤ちゃんがいる人は**バギーラン**をしている人もいます。

「バギー」は、ベビーカーではなく、揺れが抑えられ、安全設計がなされている赤ちゃん用の乗り物です。その乗り物に赤ちゃんを乗せて一緒に走るのが、バギーランです。

④アプリでランニング仲間とつながる

近年では、アプリを使って全国のランニング仲間とつながることもできます。

LIVERUN（ライブラン）というアプリは、トレーナーの生実況を聞きながら走れるアプリです。「みなさん始まりました！」「今日もがんばって一緒に走っていきましょう！」「田中さん、今３㎞通過ですね！」のように、実況をされながらランニングを楽しめます。

ランニング専用のＳＮＳであるRuntrip（ラントリップ）は、この世界はランナーしかいないの⁉　と思うほど、ランニングの話題で盛り上がっています。

走ったら〝ごほうび〟としてビールがもらえたり、アイスがもらえたりするイベントなどもやっているので、走るのがより楽しくなるはず！

また、世界のランナーとつながれるSTRAVA（ストラバ）というアプリも人気です。いつか世界のマラソンを走る！　そんな目標を立てて、練習を

ランニングライフを充実させるオススメアプリ

LIVERUN

トレーナーによる生実況を聞きながら、違う場所にいる人とリアルタイムでランニングを通じてつながることができる。

Runtrip

ウェアラブルデバイスと連携し、ランニングの記録を残せるアプリ。走った距離に応じてマイルが貯まる機能やランニングコミュニティなどがあり、ランニングを楽しみながら習慣化できる。

STRAVA

ランニングのほかにも、さまざまな運動の記録を一元管理できるアプリ。アスリートをフォローしたり、他の人と競い合ったりすることもできる。

積み重ねていくのも楽しいですね！

走ったあとの「ごほうび」をつくる

走ったあとの**自分へのごほうび**をつくると、ランニングがさらに楽しくなります。

はじめは練習を「めんどくさいな」と思うものなので、「終わったらあのドラマを見る！」「終わったらアレを食べる！」という楽しみをつくるのもいいと思います。

私自身、ランニングを始めたばかりのころは、５㎞以上の練習をするとき、心が折れそうになりました。なので、５㎞以上離れた銭湯と焼き鳥屋さんを探して、そこに到着するのを目標にして、練習を重ねていました。

「がんばってよかった～」と思う回数が増えるほど、練習が習慣化していくので、ぜひ自分へのごほうびを用意して走りましょう！

大会への出場を目標にする

練習の目的を明確に持てれば、何に向かって走っているのかが自覚できて、モチベーションも続いていきます。

大会出場を目標にするのも、モチベーションを高める方法の1つです。少し背伸びをした距離にチャレンジしてみましょう！（101ページの大会も参考にしてください）

旅行を兼ねておいしいものを食べる目的で大会に出場するのもオススメです。

最近では途中でスイカやスイーツ、おにぎり、土地の名産品が出てくるおもしろい大会も増えてきました。

ランニングマシンで走る

ランニングマシンのあるジムに行けば、暑い日や寒い日、天候の悪い日でもランニングを楽しめます。

ランニングマシンで走るのに慣れてから、外でランニングを始めるのもいいと思います。

「家でドラマを見ていたのを、マシンで走りながらでしか見ないことにする」、そんなやり方でランニングを続けている人もたくさんいます。

また、雨の日はどうしても「走りたくないな」と思いがちですね。そういうときにもランニングマシンはおすすめです。

マシンのいいところは、**地面に傾斜をつけられること**です。雨の日でも、傾斜をつけて歩くだけでも全身を鍛えることができますし、心肺機能も鍛えられます。

各地のおもしろいマラソン大会（情報提供：ランニングチャンネル 上田怜）

新潟県：**南魚沼グルメマラソン**（ハーフマラソン［定員 2,200 名］・1/8 マラソン）
参加賞がお茶碗！南魚沼産のコシヒカリが食べ放題。

千葉県：**富里スイカロードレース大会**（7km・2km）
給水にスイカが登場！終わったあとも、スイカをふるまわれる。

静岡県：**袋井クラウンメロンマラソン in ECOPA**（フルマラソン・10km）
果物の王様「クラウンメロン」を走ったあとに堪能できる。

山梨県：**山梨市巨峰の丘マラソン大会**（20 km・10 km・5km）
参加賞で「巨峰」と「シャインマスカット」の２種類セットがもらえる。

山形県：**天童ラ・フランスマラソン**（ハーフマラソン・5km・3km）
走りながらラ・フランスが食べ放題、まわりに温泉施設も充実。

熊本県：**横島いちごマラソン大会**（ハーフマラソン・10 km・5km・2.5 km）
いちごが１パック出てくる！歩いて食べながら完走する人も。おいしいトマトも提供される。フルマラソンの「玉名いだてんマラソン」も同時開催。

群馬県：**嬬恋高原キャベツマラソン**（ハーフマラソン・10 km・5.4km）
キャベツだけでなく、毎年おもしろい参加賞が配布される。

鹿児島県：**いぶすき菜の花マラソン**（フルマラソン・ファンランニング）
地元の方々のおもてなしに感動！私設エイド（給食所）で焼き鳥が!?景色だけでなく、人も楽しめる大会。

沖縄県：**NAHA マラソン**（フルマラソン）
私設エイドのホスピタリティが高くて、前に進めない !? 観光名所の国際通りを走れる。

埼玉県：**年の瀬マラソン in 所沢**（33 km）
コスプレのレベルが圧巻 !! 勝負はタイムではなくコスプレ。

長野県：**小布施見にマラソン**（ハーフマラソン）
おそろいのウエアでチームを作って参加するのもおもしろい！制限時間はハーフなのに５時間という安心感！

東京都：**渋谷・表参道 Women's Run**（10km）
女性だけの華やかな大会！ふだんは走れない表参道の道や明治神宮内を走れる。

愛知県：**名古屋ウィメンズマラソン**（フルマラソン）
オリンピック代表選手の選考会でもある大会だが、一般の人も走れる。世界最大の女子マラソンとしてギネス世界記録に認定された大会。男性も走れるハーフを併設！

※随時変更があるので、詳細は各マラソン大会事務局にお問い合わせください。

目的別の走り方

ダイエットしたい、リフレッシュしたい、記録を更新したい――。ランニングをする目的はいろいろあると思いますが、ここでは、さまざまな目的別の走り方の紹介をしたいと思います。

脂肪を効果的に燃焼させる方法

体脂肪を落とすためには、徐々に距離、回数を増やして、**1回20分、週2〜3回**走ることを目標に練習を積み重ねていきましょう。走るペースはゆっくりでも大丈夫です。

さらに効果を求めるのであれば、**筋力トレーニングをしてから走る**のがオススメです（私自身、ランニングを始めたときに知っておきたかったです！）。

筋トレにより筋肉量が増えると、基礎代謝（安静時でも消費しているエネルギー代謝）が上がります。基礎代謝は1日の消費カロリーの60％ほどを占めており、基礎代謝の20％前後を担うのが筋肉です。

基礎代謝が上がると、**安静時に消費するカロリーだけでなく、ランニング時の消費カロリーも増えていきます**。

また、筋肉が増えると成長ホルモンが分泌され、エネルギーとして脂肪が燃焼されるといわれます。

日常から階段を使うことも、プチ筋トレになります。ランニングの練習量とともに、筋トレの量も少しずつ増やしてみましょう。

両方するのはきついと感じたら、朝5分ほど筋トレをして、夜に時間をかけて走るというように、それぞれ分けておこなってもOKです。

慣れてきたら、10分筋トレ、20分ランニングにします。最初のハードルは低くして、少しずつ時間を伸ばしていきましょう。

筋肉を大きくするのであれば、筋トレとランニングの時間は分けたほうがいいといわれています。

筋トレはケガの防止にもなるので、ランニング前に取り組むよう心がけるといいと思います（54～60ページを参照）。

脳のリフレッシュをする方法

ぼーっと1日中すごしていたつもりなのに、なぜか疲れていることがあります。ボーっとして脳を休ませているつもりでも、明日の仕事のことを考えたり、家族のことを考えたり、あれこれ考えていると脳は休まりません。

そんなときは、ランニングで脳のリフレッシュをするのがオススメです。

走るときに、**足の裏の感覚や、自分の呼吸に集中して走る**と、一種の「マインドフルネス」の状態になり、脳の過活動が抑えられます。

信号がないコースを走れば、集中力がそがれることがないのでオススメです。

速く走れるようにする方法

ランニングを続けていくと、もっと速く走りたいという気持ちと、もっと長く、長時間走りたいという気持ちも出てきます。

最初のうちは距離をのばしたり、走る時間を増やしたりすれば速く走れるようになる感覚があると思います。

ただし、ここで「もっと！もっと！」と、体づくりをしないまま走ってしまうとケガにもつながります。次の2つのポイントに注意して練習してみてください。

①ストレッチと筋トレを強化する

速く走りたい人ほど、**ストレッチ、筋トレを習慣化して、強度を上げていきましょう。**

練習の強度を上げることはもちろん大切ですが、それに耐えられるように体を整えていくことも大切です。

関節の可動域が狭いまま、筋肉がガチガチのまま、使うべき筋肉にスイッチが入っていないまま、強度を上げるのは不調につながっていきます。

「その時間があれば走る時間にしたい」という声が聞こえてきますが、最終的には、これが近道になります。

お尻、腹筋、ハムストリングス（もも裏）などの大きな筋肉を使えるようになると、自然とフォームが整い、スピードが出てきます。

これらの筋肉がうまく使えないまま、がんばって走ろうとすると、ひざやふくらはぎ、前ももばかりを使うようになり、なかなかスピードが出ません。ひざにも負担がかかるので、ケガにつながりやすくなります。

②心肺機能を鍛える

大きな筋肉を鍛えるとともに、**心肺を強くするトレーニング**にも取り組んでみましょう。

距離を小分けにして、「**短い距離を休憩を挟みながら数本走る**」という**インターバル練習**をするといいと思います。

たとえば、「10㎞を50分で走る」という目標があったとき、5㎞は25分で走れなければいけません。5㎞25分がきついと感じるのであれば、当然10㎞走ることはできません。

1㎞5分をラクラク走れるようになるために、1㎞を4分30秒ほどで走る練習を重ねます。

すると、1㎞を5分で走るのがラクになり、目標達成に近づいていきます。

ただ、この練習はある程度心身ともに負荷がかかるので、気楽にやりたい人は、いつものランニングの最後に、**100mだけダッシュする**ことから始めるのもいいでしょう！

また、坂道を走る、生活で階段を使うようにするのもオススメです。

長距離走れるようにする方法

フルマラソンや100kmという長距離を走れるようになりたい人は、ゆっくりでいいので、**長時間体を動かすことに慣れる**のが大切です。

フルマラソンは速い人でも2時間、制限時間いっぱいで走る人は6~7時間、体を動かし続けます。

まずは「走る」ことは横に置いておき、「動き続ける」ことにフォーカスしましょう。目的地を決めて、長時間体を動かすことに慣れていきましょう。

途中で歩いてもかまいません。

フルマラソンで一歩も歩かず完走を目標にするなら、練習で20kmくらい走れるようになってほしいと思います。自分に合ったやり方を見つけられれば長い距離の練習も楽しめるようになります。

フルマラソンにチャレンジする場合には、**大会の1ヶ月前**(直前だと疲労が残り逆効果)には、20km~30km走るのがオススメです。

いずれにしても、慣れるまではできないのが当たり前です。できなくても自分を責めない、少しでもできたときは褒めてあげる、それくらいの姿勢でいれば、ストレスなく続けられると思います。

ランニングの疲れを次の日に持ち越さないコツ

ランニングの翌日に疲労が残ったら、続ける気持ちが薄れてしまいがち。ここでは、疲れを持ち越さないポイントをいくつか紹介します。

走り終わったらストレッチをする

リカバリーにおいて重要な役割を果たすのが**ストレッチ**です。

ランニング直後のストレッチをしておくと、関節と筋肉の痛み（遅発性筋肉痛）を軽減できます。

また、筋肉をゆっくり伸ばすことで体の緊張がほぐれ、副交感神経が刺激されるので、疲労回復効果があります。

78～81ページのストレッチを走ったあとにやってみてください。

アクティブレストをする

マラソン大会などで激しい運動をしたあとは、ゆっくり休みたくなりますが、実は長距離走った翌日も**少しでも体を動かしたほうが、筋肉が硬くならず、回復も早くなります**。ハードルは高くなりますが、少しの時間でも歩いたり、ゆっくり走ったりしておくといいと思います。

マラソン大会のあと、1～2週間は筋肉に疲れがたまっていて、内臓疲労は1ヶ月残るともいわれているので、少しずつもとに戻していきましょう。

交代浴《こうたいよく》をする

疲労回復で特にオススメなのが、湯船と水風呂を交互に入る**交代浴**です。お湯に浸かると、体が温まって血管が拡張し、冷たい水に浸かると血管が収縮します。血管の拡張と収縮を繰り返すと、血管のポンプ作用がアップし、全身の血流がよくなり疲労回復が早まります。

水風呂は筋肉の熱をとるアイシング効果もありますし、交代浴は自律神経を整える効果もあるので、ぜひやってみてくださいね！

自宅でやるときは、冷水シャワーと温水シャワーを交互にあてるのもいいでしょう。

交代浴のやり方

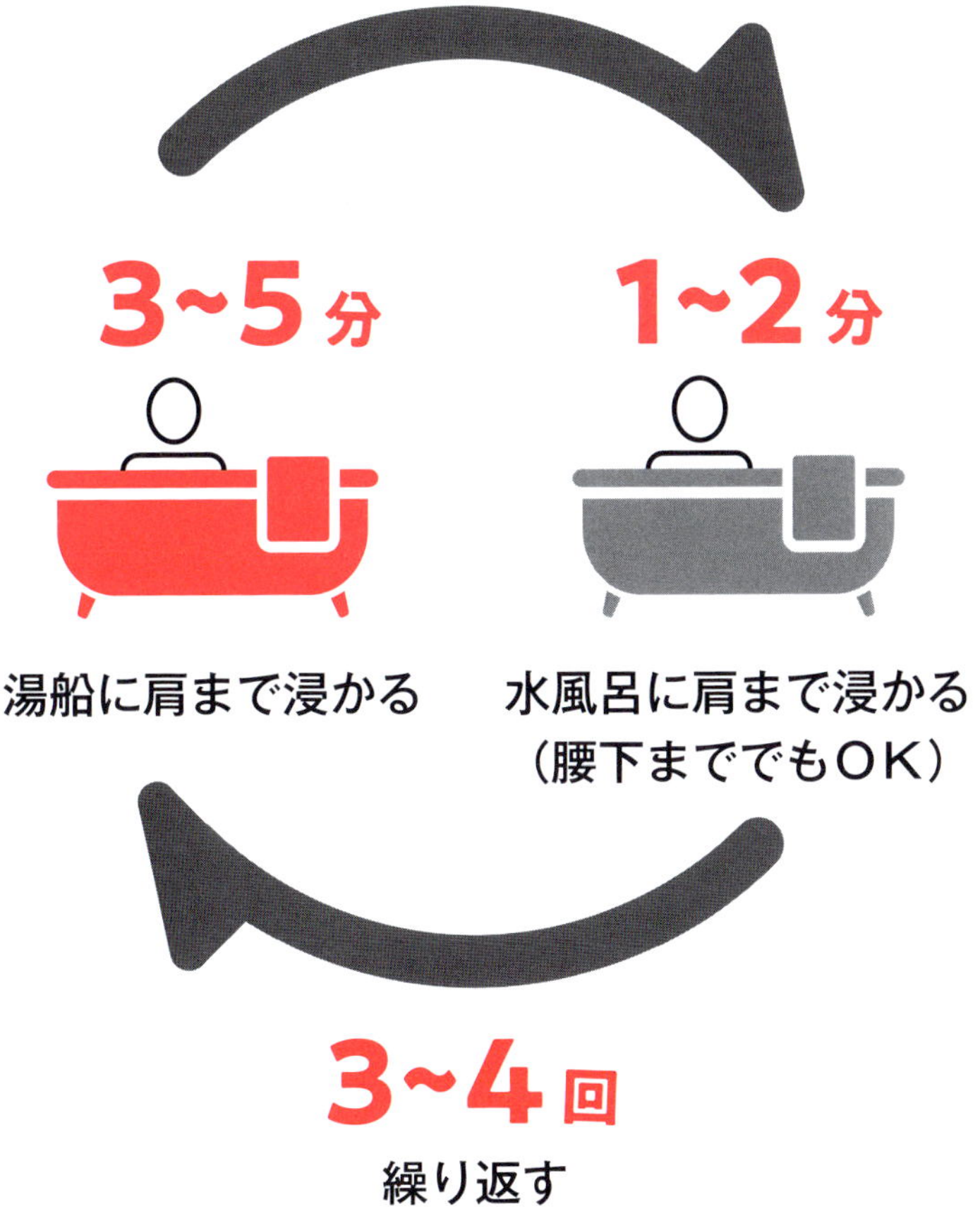
3~5分
1~2分
湯船に肩まで浸かる
水風呂に肩まで浸かる
（腰下まででもOK）
3~4回
繰り返す

痛みが出てきたときの対処法

ランニングを続けていると、脚・ひざ・腰などに痛みが出ることがあります。

オーバートレーニングの場合は休養すれば改善しますが、痛みがひかないときは、**スポーツ障害に強い接骨院**などに相談しましょう。

接骨院の中にはスポーツ、中でもランニングに特化したところもあります。関節の可動域が狭くなっていて、ムリに動かしすぎて痛みを感じる人がとても多いです。

たとえば、ふだん猫背でパソコンを使っていれば、走るときも猫背のまま走ることになります。すると、肩甲骨が使われず、うでを振って肩こりになることもあります。

また、猫背で走ると、顔が前に出てひざを使って走りやすくなるので、ひざ痛が起きることがあります。

痛みが出てくると「もうランニングなんていいや」と思うかもしれませんが、可動域を広げる、体のクセをとるといった対処をしていれば、少しずつラクに走れるようになります。

人生１００年時代、ランニングを通して自分の体と向き合いながら、ふだんの生活がどんどんラクになるのを味わってください。

ランニングライフを支える食事の整え方

走れるようになってきたら、ふだんの食事にも着目してみましょう。ランニングを楽しむためには、食生活のあり方を整えていくことも欠かせません。

運動ではタンパク質が大事なイメージがありますが、ランニングで一番使われるのは**糖質**です。太るイメージがあるので、糖質を含む炭水化物をとるのを嫌がる人が少なくありませんが、体と脳を動かすには糖質は大切な栄養素です。

日ごろから、炭水化物をしっかりとるようにしてください。

厚生労働省が発表している、1日のPFCバランス（タンパク質・脂質・炭水化物）は、タンパク質13～20％、脂質20～30％、炭水化物50～65％です。

ダイエット目的でも、タンパク質30％、脂質20％、炭水化物50％をとる必要があり、炭水化物がメインとなります。

過度な糖質制限をして走ると、体内の糖質が不足し、筋肉のタンパク質が分解されて、エネルギーとして利用されます。筋肉をすり減らすことになるので、基礎代謝が落ち、ケガもしやすくなります。

日常の食事では、糖質のほかに、**タンパク質**、**ビタミンB1**（糖質の代謝に関わる補酵素）を意識した食事をしましょう。走ったあとは特に、長距離を走ったあとも体内のグリコーゲンが減っているので、タンパク質だけでなく、糖質をしっかり補給してください。

ランナーにオススメの食事

ランナーさんには、ＰＦＣバランスが整いやすい、おかずや汁物、ご飯がセットで食べられる和食がオススメです。

よく「和食は作るのがたいへん」といわれますが、まずはお米中心に変えるだけでも、脂質のとりすぎが減り、ＰＦＣバランスが整います。難しく考えず、納豆と卵をかけたご飯と味噌汁、梅干しくらいから始めて、慣れてきたら副菜をとるようにしてみましょう。

混ぜご飯であれば手間をかけずに作れます。左ページで紹介する混ぜご飯は、材料をお米と一緒に炊飯器に入れて炊き上げるだけで完成します。そこに味噌汁をプラスすれば朝食として十分です。おにぎりにして持っていくこともできます。

和食以外でオススメなのは、豆のスープパスタとオーバーナイトオーツです（レシピは１２１ページで紹介）。食物繊維やタンパク質、糖質をエネルギーに変えるビタミンＢ１も豊富です。

シャケ混ぜご飯

材　料

◯米……３合
◯水……600ml ほど（米３合炊く分）
◯生鮭の切り身……２切れ
◯エノキ……１束
◯酒……大さじ２
◯しょうゆ……大さじ２
◯塩（ミネラルが多めのもの）……小さじ 1/2
◯大葉、三ツ葉、小ネギなど……各適量

作り方

① 鮭は塩をふり、エノキは１cm にカットする。
② 炊飯器に、米、しょうゆ、酒、水、鮭、エノキの順に入れてスイッチオン♪
③ 炊きあがったら少し蒸らし、鮭の身をほぐして全体を混ぜる。器に盛り、大葉、三ツ葉、小ネギなどをのせる。

ポイント！

鮭はビタミン B_1、B_2、D などが豊富！ ビタミン B_1 は疲労感や倦怠感、食欲不振を和らげるので疲れた体に◎。エノキのビタミン B_1 含有量は、きのこの中でトップクラス！

鉄分・ミネラル・ビタミンを補給する

長時間ランニングをすると、活性酸素が発生します。活性酸素は疲労をためる原因だけでなく、シミやシワの原因にもなるので、**抗酸化作用のある食べ物を食べて除去しましょう**。

抗酸化作用のある食べ物は、**トマト**や**ニンジン**や**ブロッコリー**など色の濃い野菜、**みかん**、**キウイ**、**いちご**、**ブルーベリー**などがあります。手軽なものなので補給しましょう！

また、ランニングでは足の裏にかかる衝撃で赤血球が壊れやすくなるので、貧血にならないよう**鉄分**補給も大切です。

小松菜やしじみ、卵からとれる「**非ヘム鉄**」、赤身肉、マグロ、カツオなどからとれる「**ヘム鉄**」の2種類をバランスよく摂取しましょう。

豆のスープパスタ

材　料（2～3人分）

○豆100％の麺（ZENB ヌードル・丸麺）……2束
○水……600ml　○ショウガ……1片
○ニンジン……1/2本　○ニラ……1/2束
○長ネギ……1/2本　○ミックスシーフード……200g
○シメジ……1パック　○豆乳……200ml　○塩（ミネラルが多めのもの）……小さじ1/2
○味噌……大さじ2　○ラー油、コショウ、ヒハツ……各適量

作り方

① 野菜はすべて長さ4cmくらいで千切りにする。フライパンに、水、麺（入らなければ半分に折ってもOK）、ミックスシーフード、塩、ニラ以外の野菜を入れ、5分間ゆでる。
② ニラを入れ、豆乳、味噌を追加したら混ぜ、3分間ゆでる。
③ 器に盛り、お好みでラー油、コショウ、ヒハツをかける。

ポイント！　ヒハツは、劣化した毛細血管を若返らせ、増やすのでおすすめ。

オーバーナイトオーツ

材　料（1人分）

○オートミール……40g
○豆乳……100ml（牛乳、アーモンドミルクなどでもよい）
○フルーツ、ナッツ、ハチミツ、シナモンなど……適量（お好みで）

作り方

①オートミールに豆乳をかけ、冷蔵庫で8時間置く。
②フルーツやナッツ、ハチミツ、シナモンなどをかける。

ポイント！　オートミールはお手軽に食べられて栄養価も高い食材。ビタミンB群も豊富！

鉄は、ビタミンCやクエン酸と一緒にとれば、吸収されやすくなります。

マグネシウムが不足すると、脚がつりやすくなったり、メンタルが落ち込みやすくなったりするので、日常から摂取しておきたいところです。

マグネシウムを含む食べ物としては、**わかめ**、**昆布**などの**海藻**や、**天然塩**がオススメです。マグネシウムが多い塩としては「ぬちまーす」（株式会社ぬちまーす）や「雪塩」（株式会社パラダイスプラン）などがあります。

マグネシウムは経皮吸収（皮膚から吸収）されやすい特徴があるので、**マグネシウムスプレー**、**エプソムソルト入浴剤**などを使って、肌から吸収させるのもよいでしょう。筋肉をゆるめてやわらかくする働きがあるので、ケガ防止、疲労回復に役立ちます。

続けやすい方法を見つけるのが大切

ランニングは、自分のペースを見つけて、自分の体と向き合いながら続けていける楽しさがあります。

自分に合った練習頻度やペースは自分にしかわかりません。

誰かと比べるのではなく、あくまで自分と向き合うスポーツとして、生涯かけて楽しんでほしいと思います。

体調や気温によっても、走りやすく感じるスピードは変わってきます。つらくなったら、「ランニングシューズを履くだけでいい！」を覚えておいてください。毎日の小さな努力が、やがて大きな成果につながります。自分に合った方法を見つけて、健康的なライフスタイルを実現していってください。みなさんを応援しています！　エイエイオー！

おわりに

本書を手に取ってくれた、そこのあなた‼　本当にありがとうございます。本だけに……なんちゃって（笑）。

1人でも多くの方が「ランニングって楽しいな」、そんなふうに思ってもらえるよう、心を込めて執筆しました。

ランニングは人生を整え、良い方向に導いてくれます。走っていると、自分の中に眠っていたパワーがあふれ出してくる感覚があります。

自分に自信がつけば、自己否定がなくなり、人の目がどんどん気にならなくなっていきます。私はランニングがきっかけで、自分を認められるようになって、他人も受け入れやすくなりました。

ランニングが普及すれば、もっともっとＨＡＰＰＹな世界になるんじゃないかな！　そんな思いでランニングの情報を発信しています。

「1㎞でいいから走りに行こう」と思って、1㎞で終わる日はありませんが、「10㎞走ろう」と思って、走りに行かない日は私もよくあります……（笑）

なので、ハードルを下げるのを悪いことと思わずに、気楽にランニングライフを送っていきましょうね！

そして、何歳になっても、自分をバージョンアップさせて、夢をたくさん叶えていきましょう！

最後にYouTubeチャンネル登録者のみなさん、出演してくれたみなさん、コーチのみなさん。本当にありがとうございました。みなさんのおかげで本書を執筆することができました。これからもよろしくお願いいたします！！！

ＳＵＩ

ランニングシューズ写真提供

アシックスジャパン株式会社

アディダスジャパン株式会社

株式会社ドーム

BROOKS

著者紹介

SUI（すい）

シンガーソングランナー。

運動と無縁の生活から、ダイエットとしてランニングを始める。ランニングを続けた結果、思春期から悩まされていた過食症を克服し、10kgのダイエットに成功。この経験から、ランニングは、体と同時に心や思考を変えることに気づく。2018年からYouTubeへの動画投稿を開始し、登録者15万人のチャンネルに（2024年8月現在）。

現在は、「一緒に成長していく」をコンセプトに情報発信するほか、さまざまなテレビ番組や企業へ楽曲を提供。ランニングアドバイザー、YOGA RYT200、調理師、アスリートフードマイスターの資格を活かして活動している。

●YouTubeチャンネル　うたラン/UtaRun SUI♪

10分《ぶん》で心《こころ》と体《からだ》が変《か》わる
ズルいランニング　〈検印省略〉

2024年　9　月　30　日　第　1　刷発行

著　者――SUI（すい）
発行者――田賀井　弘毅
発行所――株式会社あさ出版
〒171-0022　東京都豊島区南池袋 2-9-9 第一池袋ホワイトビル 6F
電　話　03（3983）3225（販売）
　　　　03（3983）3227（編集）
F A X　03（3983）3226
U R L　http://www.asa21.com/
E-mail　info@asa21.com
印刷・製本　（株）光邦

note　http://note.com/asapublishing/
facebook　http://www.facebook.com/asapublishing
X　http://twitter.com/asapublishing

ISBN978-4-86667-702-6 C2075